BERNARD GR. BROERMANN

Der Geltungsbereich der Investmentgesetzgebung

Betriebswirtschaftliche Schriften

Heft 37

Der Geltungsbereich
der Investmentgesetzgebung

Von

Dr. Bernard gr. Broermann

DUNCKER & HUMBLOT / BERLIN

Alle Rechte vorbehalten
© 1970 Duncker & Humblot, Berlin 41
Gedruckt 1970 bei Buchdruckerei Bruno Luck, Berlin 65
Printed in Germany

Vorwort

Es mag überraschen, daß eine juristische Dissertation in einer betriebswirtschaftlichen Schriftenreihe erscheint. Die Rechtfertigung liegt nicht nur darin, daß der Verfasser Diplom-Kaufmann ist, zudem über eigene praktische Erfahrung im Investmentgeschäft verfügt. Vor allem ist die Arbeit rechtstatsächlich und rechtspolitisch orientiert. Am stärksten gilt das für das vierte Kapitel über die Kapitalbeteiligungsgesellschaften, deren Struktur und Erscheinungsformen der Verfasser beschreibt, um dann zu prüfen, ob und inwieweit die gesetzliche Regelung des Wertpapierinvestments auf diese neue, im Vordringen begriffene Art der Kapitalanlage erstreckt werden kann und soll. Auch im zweiten Kapitel über die ausländischen Investmentfonds stehen die rechtspolitischen Überlegungen im Vordergrund: Der Verfasser kritisiert das Auslands-Investmentgesetz von 1969 als unzweckmäßig — vor allem deshalb, weil es die im Heimatland streng kontrollierten Auslandsfonds abschrecke, ohne uns vor den unkontrollierten Fonds hinreichend zu schützen. Gerade diese Ausführungen haben in diesen Tagen und Wochen der Krise um IOS eine besondere Aktualität gewonnen. So wird man sie mit doppeltem Interesse lesen.

Ich begrüße die Aufnahme dieser Arbeit in die „Betriebswirtschaftlichen Schriften" auch deshalb, weil ich eine engere Verbindung von Rechts- und Wirtschaftswissenschaft für nötig halte: Die meisten Juristen wissen viel zu wenig von wirtschaftlichen Fakten und den wirtschaftlichen Funktionen und Wirkungen der Rechtsregeln und Rechtsinstitute, während die Wirtschaftswissenschaftler zu wenig die rechtlichen Schranken und Bedingtheiten ökonomischen Handelns berücksichtigen, zu ausschließlich an der ökonomischen Nützlichkeit orientiert sind und zu wenig nach der Gerechtigkeit und rechtlichen Vertretbarkeit wirtschaftlicher Einrichtungen und Abläufe, zu wenig insbesondere nach der justitia distributiva fragen.

Hamburg, am 10. Mai 1970

Professor Dr. iur. *Karl August Bettermann*

Inhaltsverzeichnis

Abkürzungsverzeichnis 9

Problemstellung und Gang der Untersuchung 11

Erstes Kapitel

Darstellung der Kapitalanlagegesellschaften

A. Geschäftsbereich der KAG 13

B. Rechtlicher Aufbau der KAG 18

  I. Die Treuhandlösung 20

  II. Die Miteigentumslösung 22

Zweites Kapitel

**Gesetzliche Regelung des Vertriebs
ausländischer Investmentanteile in der BRD**

A. Das Erfordernis einer gesetzlichen Regelung der Tätigkeit ausländischer Investmentgesellschaften in der BRD 24

B. Die Zulassungsvoraussetzungen für den Vertrieb von ausländischen Investmentanteilen in der BRD im AuslInvestmG 26

  I. Nachteile der Zulassungsvoraussetzungen für den Vertrieb kontrollierter Fonds 27

    1. Die Benennung eines Repräsentanten gem. § 2 Nr. 1 und § 6 AuslInvestmG 27

    2. Die Vorwegbelastung der Kosten bei Sparplänen gem. § 2 Nr. 4 c AuslInvestmG 29

    3. Die Einschränkung der Spekulationsmöglichkeiten durch Kreditaufnahme gem. § 2 Nr. 4 f AuslInvestmG und Leerverkäufe gem. § 2 Nr. 4 g AuslInvestmG 30

  II. Folgen der Zulassungsbeschränkung 32

    1. Ausschluß kontrollierter Fonds 32

    2. Schutzwirkung 32

      a) Der Repräsentant 33

b) Die Vorwegbelastung der Vertriebsgebühren bei Sparplänen 33
c) Die Vorschriften über Kreditaufnahme und Leerverkäufe 34

C. Die Erstreckung der Investmentgesetzgebung auf die Berufsausübung und Berufswahl der Anlageberater 36

Drittes Kapitel

Gesetzliche Regelung der Immobilienfonds

A. Geschäftsbereich der Immobilienfonds 39

B. Rechtlicher Aufbau der Immobilienfonds 40
    I. Offene Immobilienfonds 40
        1. Die Miteigentumslösung 41
        2. Die Treuhandlösung 42
    II. Geschlossene Immobilienfonds 43
        1. Die Treuhandlösung 43
        2. Die KG-Lösung 45

C. Die Erstreckung des KWG auf Immobilienfonds 46

D. Die Erstreckung des KAGG auf offene Immobilienfonds 47
    I. Gründe für die Erstreckung des KAGG auf offene Immobilienfonds 47
    II. Die Anwendbarkeit der einzelnen Vorschriften des KAGG auf offene Immobilienfonds 50
        1. Verfassung der KAG 50
        2. Regelung der Rechtsform 51
        3. Erwerbsbeschränkungen und Risikostreuung 52
        4. Belastung des Fondsvermögens 53
        5. Rückgaberecht und Liquidität 53
        6. Aufgaben der Depotbank 54
        7. Aufgaben des Sachverständigenausschusses 55
        8. Rechenschaftslegung über das Sondervermögen 55
        9. Bildung von Rücklagen und Rückstellungen für das Sondervermögen 56
        10. Die auf Immobilienfonds unmittelbar anwendbaren Regelungen des KAGG 56

E. Die Erstreckung des KAGG auf geschlossene Immobilienfonds 57
    I. Rückgaberecht und Liquidität 58

Inhaltsverzeichnis

II. Erwerbsbeschränkungen und Risikostreuung 60
III. Regelung der Rechtsform 62

Viertes Kapitel

Gesetzliche Regelung der Kapitalbeteiligungsgesellschaften

A. Geschäftsbereich der Kapitalbeteiligungsgesellschaften 64
   I. BONA-Kapitalbeteiligungs GmbH & CO. 64
   II. Beteiligungsgesellschaft für Industrie und Handel mbH & Co. KG 66
   III. Deutsche Beteiligungsgesellschaft mbH 67
   IV. Allgemeine Kapitalunion GmbH & Co. KG 68

B. Rechtlicher Aufbau der Kapitalbeteiligungsgesellschaften 69
   I. Die aktienrechtliche Lösung 69
     1. Darstellung 69
     2. Kapitalbeschaffung 70
     3. Besteuerung 71

   II. Die Miteigentumslösung 71
     1. Darstellung 71
       a) Direkte Miteigentumslösung 71
       b) Indirekte Miteigentumslösung 73
     2. Kapitalbeschaffung 73
     3. Besteuerung 75

   III. Die Treuhandlösung 75
     1. Aufbau der Treuhandlösung 75
       a) Allgemeiner Aufbau der Treuhandlösung 75
       b) Aufbau der Treuhandlösung nach dem ASU-Vorschlag 76
     2. Kapitalbeschaffung 78
     3. Besteuerung 79

   IV. Die GmbH & Co. KG Lösung 79
     1. Darstellung 79
     2. Kapitalbeschaffung 79
     3. Besteuerung 80

C. Die Erstreckung des KAGG auf KBG 81
   I. Gründe für eine Erstreckung des KAGG auf KBG 81
   II. Besonderheiten der KBG in der Rechtsform der AG und der GmbH & Co. KG 86

1. Besonderheiten der KBG in der Rechtsform der AG 86
2. Besonderheiten der KBG in der Rechtsform der GmbH & Co. KG 87

III. Die Anwendbarkeit der einzelnen Vorschriften des KAGG auf KBG 86
    1. Regelung der KAG 88
    2. Regelung der Rechtsform 88
    3. Erwerbsbeschränkungen und Risikostreuung 89
    4. Rückgaberecht und Liquidität 91
    5. Aufgaben der Depotbank 92
    6. Aufgaben des Sachverständigenausschusses 93
    7. Die auf KBG unmittelbar anwendbaren Regelungen des KAGG 93

Fünftes Kapitel

Grenzen des Investmentgeschäfts

A. Geltungsbereich des KAGG für „Millionärsfonds" 95
  I. Wertpapierfonds 95
    1. Veranlagung zur Spekulationsgewinnsteuer 95
    2. Begrenzung des Geltungsbereiches des KAGG für „Millionärsfonds" 96
    3. Begrenzung des Geltungsbereiches des KAGG 96
  II. Immobilienfonds 98
    1. Veranlagung zur Spekulationsgewinnsteuer 98
    2. Spekulationsgewinnsteuer bei thesaurierenden Immobilienfonds 98

B. Entscheidungskriterien für eine Erweiterung des Geltungsbereiches des KAGG 99
  I. Erweiterung des Geltungsbereiches des KAGG auf alle Fondsgruppen 99
    1. Neue Fondsgruppen und die Erforderlichkeit ihrer gesetzlichen Regelung 99
    2. Typenzwang für alle Fondsgruppen 100
  II. Definition der KAG im Falle eines erweiterten Geltungsbereiches des KAGG 100
    1. Vermögensverwaltung für Rechnung der Anleger 100
    2. Grundsatz der Risikomischung 101
    3. Ausstellung von Urkunden 102
    4. Schlußbemerkung 102

Literaturverzeichnis 103

Abkürzungsverzeichnis

AG	=	Aktiengesellschaft(en)
AktG	=	Aktiengesetz vom 6. September 1965 (BGBl. I S. 1089)
AO	=	Reichsabgabenordnung vom 22. Mai 1931 (RGBl. I S. 161)
ASU	=	Arbeitsgemeinschaft Selbständiger Unternehmer e.V., Bad Godesberg
AuslInvestmG	=	Gesetz über den Vertrieb ausländischer Investmentanteile und über die Besteuerung der Erträge aus ausländischen Investmentanteilen vom 28. Juli 1969 (BGBl. I S. 986)
BGB	=	Bürgerliches Gesetzbuch vom 18. August 1896 (RGBl. S. 195)
BGBl.	=	Bundesgesetzblatt
BHG	=	Berlinhilfe-Gesetz vom 19. Juli 1968 (BGBl. I S. 833)
BIH	=	Beteiligungsgesellschaft für Industrie und Handel mbH & Co. KG, Frankfurt/M.
BONA	=	BONA — Kapitalbeteiligungs GmbH & Co. KG, Nürnberg
BVerfGE	=	Entscheidungen des Bundesverfassungsgerichts
DBG	=	Deutsche Beteiligungsgesellschaft mbH, Frankfurt/Main
Entw.AuslInvestmG	=	Entwurf eines Gesetzes über den Vertrieb ausländischer Investmentanteile, über die Besteuerung ihrer Erträge, sowie zur Änderung und Ergänzung des Gesetzes über Kapitalanlagegesellschaften, Deutscher Bundestag, Drucksache V/3494 vom 13. November 1968
EStG	=	Einkommensteuergesetz in der Fassung vom 27. Februar 1968 (BGBl. I S. 145)
GG	=	Grundgesetz für die Bundesrepublik Deutschland vom 23. Mai 1949 (BGBl. S. 1)
GmbH	=	Gesellschaft mit beschränkter Haftung
GmbHG	=	Gesetz, betreffend die Gesellschaften mit beschränkter Haftung vom 20. April 1892 (RGBl. S. 477)
HGB	=	Handelsgesetzbuch vom 10. Mai 1897 (RGBl. S. 219)
GrEStG	=	Grunderwerbsteuergesetz vom 29. März 1940 (RGBl. I S. 585)
JZ	=	Juristenzeitung
KAG	=	Kapitalanlagegesellschaft(en)

KAGG	= Gesetz über Kapitalanlagegesellschaften in der Fassung vom 28. Juli 1969 (BGBl. I S. 992)
Kapitalunion	= Allgemeine Kapitalunion GmbH & Co. KG., Frankfurt/M.
KBG	= Kapitalbeteiligungsgesellschaft(en)
KStG	= Körperschaftssteuergesetz in der Fassung vom 24. Mai 1965 (BGBl. I S. 450)
KWG	= Gesetz über das Kreditwesen vom 10. Juli 1961 (BGBl. I S. 881)
KO	= Konkursordnung vom 10. Februar 1877 (RGBl. S. 351)
NJW	= Neue Juristische Wochenschrift
OHG	= Offene Handelsgesellschaft
RGBl.	= Reichsgesetzblatt
StAnpG	= Steueranpassungsgesetz vom 16. Oktober 1934 (RGBl. I S. 925)
ZfgK	= Zeitschrift für das gesamte Kreditwesen
ZfHR	= Zeitschrift für das gesamte Handelsrecht und Konkursrecht
ZPO	= Zivilprozeßordnung vom 30. Januar 1877 (RGBl. S. 83)

Problemstellung und Gang der Untersuchung

Der Bereich der durch Investmentgesetze geregelten Investmentgeschäfte ist durch ein Gesetz über den Vertrieb ausländischer Investmentanteile[1] und durch eine Novelle zum KAGG[2] erweitert worden. Bisher enthielt das KAGG nur Bestimmungen über solche Investmentunternehmen mit Sitz in der BRD, die das bei ihnen angelegte Geld in Wertpapieren anlegen; jetzt sind auch offene Immobilienfonds[3] und die Tätigkeit ausländischer Investmentgesellschaften in der BRD[4] in die gesetzliche Regelung der Investmentgeschäfte einbezogen worden. Das Ziel dieser Arbeit ist die Beantwortung der Frage: „Auf wen soll sich die Investmentgesetzgebung erstrecken[5]?"

Im ersten Kapitel soll der rechtliche Aufbau und der Geschäftsbereich der inländischen Wertpapierfonds dargestellt werden, insbesondere, da hierauf später wiederholt Bezug genommen wird. Diese Fonds waren bereits durch das Gesetz über Kapitalanlagegesellschaften vom 16. April 1957[6] erfaßt.

Der Begriff Wertpapierfonds soll zur Unterscheidung gegenüber den Immobilienfonds und Beteiligungsfonds benutzt werden. Der Ausdruck Investmentfonds wird als der übergeordnete Begriff für die einzelnen Fondstypen angesehen.

In den folgenden drei Kapiteln wird dann nacheinander die Erstreckung der Investmentgesetzgebung untersucht, und zwar in Bezug auf die Tätigkeiten

---

[1] Gesetz über den Vertrieb ausländischer Investmentanteile und über die Besteuerung der Erträge aus ausländischen Investmentanteilen vom 28. Juli 1969 (BGBl. I S. 986).

[2] Gesetz zur Änderung und Ergänzung des Gesetzes über Kapitalanlagegesellschaften vom 28. Juli 1969 (BGBl. I S. 992).

[3] Vgl. §§ 23 ff. KAGG.

[4] Vgl. § 1 Abs. 1 AuslInvestmG.

[5] Von der Themastellung her steht hierbei die Frage im Vordergrund, ob sich die Investmentgesetzgebung auf andere als Wertpapierfonds erstrecken sollte — und nicht die Frage, *wie* eine solche Erstreckung im einzelnen auszusehen hat. Die Frage des „Wie", d. h. die Anwendbarkeit der einzelnen Vorschriften des KAGG auf weitere Fondstypen soll bei den Immobilienfonds und KBG ergänzend untersucht werden, insoweit bei diesen Fondstypen abweichende Regelungen erforderlich sind.

[6] Gesetz über Kapitalanlagegesellschaften vom 16. April 1957 (BGBl. I S. 378).

1. der ausländischen Investmentgesellschaften in der BRD,
2. der Immobilienfondsgesellschaften,
3. Der Kapitalbeteiligungsgesellschaften.

Im letzten Kapitel soll versucht werden, auf Grund der vorangegangenen, auf bestimmte Investmenttypen bezogenen Überlegungen die Grenzen des Investmentgeschäfts darzustellen, um für die Zukunft allgemeine Kriterien für die Beantwortung der Frage zu haben, auf wen sich die Investmentgesetzgebung erstrecken soll.

Erstes Kapitel

Darstellung der Kapitalanlagegesellschaften

A. Geschäftsbereich der KAG

Nach § 1 Abs. 1 KAGG sind Kapitalanlagegesellschaften Unternehmen, deren Geschäftsbereich darauf gerichtet ist, bei ihnen eingelegtes Geld im eigenen Namen für gemeinschaftliche Rechnung der Einleger in Wertpapieren anzulegen.

Solche Wertpapierfonds können als offene oder als geschlossene Fonds geführt werden.

Bei den offenen Investmentfonds ändert sich die Zahl der umlaufenden Anteile jeweils durch An- und Verkäufe. Der Anteilinhaber kann jederzeit seine Anteile zurückgeben, und zwar zu einem Preis, der dem Anteil am Inventarwert des Fonds entspricht. Hierdurch ist eine objektive Wertberechnung gesichert.

Demgegenüber können bei den geschlossenen Investmentfonds die Anleger ihre Anteile nicht an die Investment-Gesellschaft zurückgeben. Die Anteile von geschlossenen Investmentfonds können nur, wie Aktien, an der Börse oder im außerbörslichen Verkehr ge- oder verkauft werden. Der Preis ist dann nicht mehr objektiv nach dem Teilwert am Fondsvermögen, sondern durch Angebot und Nachfrage bestimmt[1].

Wertpapierfonds mit Sitz in der BRD können gem. § 10 Abs. 2 KAGG nur in der Form von offenen Investmentfonds geführt werden.

Nach der Art der Anlage des Fondsvermögens unterscheidet man bei den Wertpapierfonds zwischen Aktienfonds, Rentenfonds und gemischten Fonds, die sowohl Aktien als auch Rentenwerte in ihrem Portefeuille haben[2].

---

[1] Vgl. *Brüggemann:* Internat. Investmentsparen, München 1968, S. 22 ff.; *Walter:* Machtzusammenballung und Vermögensbildung durch Investmentgesellschaften, dargestellt an der Entwicklung in Deutschland, der Schweiz und den USA, Neuwied a. Rh. und Berlin 1963, S. 110 ff.

[2] Bei dem weitaus größten Teil der Wertpapierfonds ist das Vermögen in Aktien investiert. Beispiele für Rentenfonds in der BRD sind die Fonds: Renditdeka, Inrenta, Unirenta und der Deutsche Rentenfonds.

Eine besondere Form der Wertpapierfonds stellen die Dachfonds dar. Bei ihnen besteht der Wertpapierbestand aus Investmentanteilen anderer Fonds. Die Zulassung von Dachfonds ist sehr umstritten. In der BRD ist ihre Errichtung gem. § 7 Abs. 6 KAGG nicht erlaubt. Auch der Vertrieb ausländischer Dachfonds ist gem. § 2 Nr. 4 d AuslInvestmG in der BRD untersagt[3].

Wesentliche Absicht der Investmentgesellschaften ist es, die breite Masse des anlagesuchenden Publikums zu erfassen. Das Ergebnis von Untersuchungen über die soziale Schichtung der Anleger der Investmentgesellschaften bestätigt, daß dies gelungen ist[4].

Aufgabe der KAG ist es, für ihre Anlieger einen möglichst großen Ertrag und/oder Wertzuwachs zu erwirtschaften. Aus diesem Grunde ist die KAG bei auf Wertzuwachs ausgerichteten Fonds bestrebt, diejenigen Wertpapiere an den in- und/oder ausländischen Kapitalmärkten zu erwerben, die durch maximale Kurssteigerungen den größten Substanzzuwachs des Fondsvermögens erwarten lassen. Dagegen erwerben die auf Ertrag ausgerichteten Fonds die Wertpapiere, die einen dauernden hohen Ertrag versprechen.

Dieses Ziel der Ertrags- und/oder Wertzuwachsmaximierung soll unter den Nebenbedingungen der Sicherheit und der Liquidität erreicht werden.

Die Sicherheit wird durch drei Faktoren erreicht:

1. durch die Schutzvorschriften in den Investmentgesetzen,
2. durch die Anlage in Sachwerten[5] und
3. durch Risikostreuung und fachmännische Auswahl der Anlageobjekte.

Die zu 3. genannte Risikostreuung kann in dreierlei Hinsicht geschehen[6]:

a) durch Mischung verschiedener Wertpapiergattungen, wie Aktien, Wandelschuldverschreibungen, Industrieobligationen u. a.,

---

[3] Vgl. auch Reform des Kapitalanlagegesetzes — Ein Rückschritt mit schweren Folgen, in: Investment Fonds Analyst, Nr. 6, Düsseldorf 1968, S. 5; anderer Ansicht: Dachfonds raus?, in: Wirtschaft und Investment Digest, Nr. 9, Bad Wörishofen 1968.

[4] Vgl. hierzu die Untersuchungen der Allgemeinen Deutschen Investment-Gesellschaft mbH: 10 Jahre Investment in Deutschland, München 1959, S. 20 und der Deutschen Kapitalanlagegesellschaft mbH, Rechenschaftsbericht 1959, S. 1.

[5] Nicht so bei Rentenfonds.

[6] Vgl. *Barocka:* Investmentsparen und Investmentgesellschaften, Stuttgart 1956, S. 108; *Baum*: Schutz und Sicherung des Investmentsparers bei Kapitalanlage-Gesellschaften und Investment-Trusts, Diss., Mainz 1959, S. 122; *Barzel:* Wertpapiersparen mit Hilfe von Kapitalanlage-Unternehmen, Diss., Köln 1956, S. 90; *vom Berge der Herrendorf:* Der Schutz des Investmentsparers. Darst. unter Berücksichtigung des Gesetzes über Kapitalanlagegesellschaften vom 16. 4. 1957, Diss., Köln 1962, S. 49.

b) durch Mischung von Aktien verschiedener Wirtschaftszweige,

c) durch Erwerb von Aktien aus verschiedenen Volkswirtschaften, so daß der unterschiedlichen Wirtschafts- und Börsenentwicklung in den verschiedenen Ländern Rechnung getragen wird.

Für KAG mit Sitz in der BRD ist eine Risikostreuung gesetzlich vorgeschrieben. Nach § 7 Abs. 3 KAGG dürfen Wertpapiere desselben Ausstellers bei ihrem Erwerb nur maximal 5 % des Gesamtwertes des Fondsvermögens ausmachen[7].

Nach § 7 Abs. 4 KAGG darf eine KAG, die mehrere Wertpapier-Sondervermögen bildet[8], für alle von ihr verwalteten Sondervermögen nicht mehr als 5 % des Nominalkapitals desselben Emittenten erwerben[9].

Durch diese Vorschriften ist ein Mindestmaß an Risikomischung gesichert, so daß KAG nicht zu Holdinggesellschaften werden können, was ihrem Geschäftszweck widersprechen würde[10].

Darüber hinaus hat die fachmännische Auswahl der Wertpapiere durch den Anlageberater des Fonds[11] einen wesentlichen Einfluß auf die Sicherheit. Die Fähigkeiten des Anlageberaters, in seinen Anlageentscheidungen die drei möglichen Streuungsgesichtspunkte zu beachten und insbesondere die richtige Analyse der einzelnen Unternehmungen unter Beachtung der allgemeinen wirtschaftlichen und politischen Lage zu treffen, dürften für die Kapitalerhaltung ebenso wichtig sein, wie die gesetzlichen Streuungsvorschriften.

Die Liquidität der Anteile an einem Wertpapierfonds ist nach § 10 Abs. 2 KAGG dadurch gewährleistet, daß jeder Anteilinhaber jederzeit gegen Rückgabe des Anteilscheins Auszahlung seines Anteils aus dem Sondervermögen verlangen kann.

Als weitere Sicherung für die Liquidität könnte § 16 KAGG gedeutet werden, der der KAG die Haltung einer Liquiditätsreserve in Höhe von 20 % des Eigenkapitals als Guthaben bei einem geeigneten Kreditinstitut oder in lombardierbaren Wertpapieren vorschreibt[12]. Diese Vorschrift ist durch den auf Verlangen des Bundesrates einberufenen

---

[7] Vgl. *Siara/Tormann:* Kommentar zum Gesetz über Kapitalanlagegesellschaften, Frankfurt/M. 1957, Anm. III zu § 17.
[8] Ebenda, Anm. IV zu § 7.
[9] Vgl. § 6 Abs. 3 KAGG.
[10] *vom Berge und Herrendorf,* a.a.O., S. 59; *Baum,* a.a.O., S. 122.
[11] Anlageberater eines Fonds ist i. d. R. eine von der Investmentgesellschaft unabhängige, selbständige Gesellschaft; vgl. hierzu *Bullock:* The Story of Investment Companies, New York 1959, S. 164.
[12] Vgl. *Schuler:* Kapitalanlagegesellschaften, ihre Sondervermögen und Anteilscheine, in: NJW 1957, S. 1050.

1. Kap.: Darstellung der Kapitalanlagegesellschaften

Vermittlungsausschuß in das KAGG aufgenommen worden[13]. Als Grund für die Einführung der Liquiditätsreserve nach § 16 KAGG hat der Vermittlungsausschuß angegeben, daß die KAG gegebenenfalls imstande sein soll „hiermit eine gelegentlich gehäufte Rückgabe von Anteilscheinen abzufangen, und nicht jeden derartigen Druck sofort an die Börse weitergeben muß"[14]. Diese Begründung ist unzutreffend, da nach § 10 Abs. 2 KAGG die Rücknahme von Anteilscheinen zu Lasten des Sondervermögens erfolgt und nicht zu Lasten des eigenen Vermögens der KAG[15]. Da die Liquiditätsreserve des § 16 KAGG aber aus dem eigenen Vermögen der KAG und nicht aus dem Sondervermögen gehalten werden soll, kann sie nicht zur Zahlung des Rücknahmepreises von Anteilscheinen dienen. Da der Sinn des § 16 KAGG nicht ersichtlich ist, die Haltung einer solchen Liquiditätsreserve aber die Rentabilität der KAG verschlechtert, sollte diese Vorschrift gestrichen werden.

Durch die Novelle zum KAGG ist § 8 Abs. 3 neu eingefügt worden. Hiernach ist inländischen Investmentgesellschaften das Recht eingeräumt, für gemeinschaftliche Rechnung der Anteilinhaber Kredite in besonderen Fällen für kurze Zeit bis zur Höhe von 10 % des Wertes des Sondervermögens aufzunehmen. Dies kommt einer Liquiditätsreserve gleich, ohne daß dadurch die Rentabilität des Sondervermögens gemindert wird. Somit können Anteile zurückgenommen werden, ohne daß sogleich Aktien des Sondervermögens verkauft werden müssen. Dies ist insbsondere deshalb vorteilhaft, da oft verstärkte Rückgaben in einer Börsenbaisse erfolgen, d. h. zu einer Zeit, in der ein Verkauf von Aktien i. d. R. ungünstig ist.

Bei dem Rückgaberecht des § 10 Abs. 2 KAGG ist zu beachten, daß die Liquidität des einzelnen Investmentanteils von der durchschnittlichen Liquidität der zum Fondsvermögen gehörenden Wertpapiere abhängt. Letztlich also eine Funktion der Liquidität des betroffenen Kapitalmarktes im Ganzen und des Marktes der einzelnen Wertpapiere des Fondsvermögens ist.

Der Anlageberater des Fonds hat diesen Gegebenheiten Rechnung zu tragen. Bedenkt man, daß, außer in politischen oder wirtschaftlichen Krisenzeiten, bei schlechtem Anlageerfolg der betroffenen Investmentgesellschaft eine verstärkte Rückgabe der Anteilscheine zu erwarten

---

[13] Verlangen des Bundesrates auf Einberufung des Vermittlungsausschusses, gem. Art. 77 Abs. 2 GG, Bundestagsdrucksache 3235/2 vom 22. Februar 1957, Begründung zu § 14 a.

[14] Mündlicher Bericht des Vermittlungsausschusses über Kapitalanlagegesellschaften in der 200. Sitzung des Deutschen Bundestages vom 21. März 1957, in: Verhandlungen des Deutschen Bundestages, 2. Wahlperiode, S. 11374 D.

[15] Vgl. *Siara/Tormann*, a.a.O., Anm. zu § 16.

ist, so wird deutlich, daß die Liquidität wesentlich durch die Qualität des Anlageberaters bestimmt ist.

Ein Beispiel aus der jüngsten Praxis eines U.S. Investmentfonds zeigt dies. Ende Dezember 1968 beantragte der U.S. Investmentfonds „Mates" bei der S.E.C.[16] die Erlaubnis zur Einstellung des Rückkaufs seiner Anteile bis auf weiteres[17]. Die Ursache für die Liquiditätsschwierigkeiten dieses Fonds lag in der Auswahl der von dem Anlageberater dieses Fonds angekauften Aktien. Mates hatte sog. „restricted securities" gekauft, d. h. nicht börsennotierte Werte, für die kein geregelter Markt bestand. Ein wesentlicher Teil dieser Aktien wurde auf Grund neuerer Informationen praktisch unverkäuflich, so daß Mates nicht die entsprechende Liquidität bereitstellen konnte, die erforderlich war, um den Rückkaufforderungen nachzukommen. Das Beispiel „Mates" zeigt, wie sehr es auch im Hinblick auf die Liquidität auf die Auswahl der Aktien ankommt; es zeigt darüber hinaus, daß die Liquidität der Investmentanteile letztlich von der Liquidität der Wertpapiere des Fondsvermögens abhängt.

Bei der Anlage des Fondsvermögens ist also zwischen drei Zielen abzuwägen. Ein Mehr an Sicherheit und Liquidität bedeutet i. d. R. ein Weniger an Ertrag und/oder Wertzuwachs. Die Wertpapiere junger, dynamischer Unternehmen bieten oft die größten Chancen auf Wertzuwachs, geben aber auf der anderen Seite wenig Sicherheit, da ihre Marktposition noch nicht gefestigt ist, und sie besitzen häufig nur eine geringe Liquidität, da der Markt für diese Papiere i. d. R. sehr eng ist.

Die gleichzeitige Verfolgung dieser z. T. heterogenen Ziele erfordert einen großen Aufwand an Zeit und setzt ein großes Maß an Information und Fachwissen voraus. Es kann nur durch ein Team von Wertpapieranalytikern, Wirtschaftswissenschaftlern, Technikern und Juristen erreicht werden. Damit ist die Hauptaufgabe der KAG aufgezeigt, für den Anleger, der weder die Zeit noch ausreichende Fachkenntnis für eine erfolgreiche Vermögensanlage hat, diese Aufgabe unter den Gesichtspunkten des Ertrages und/oder Wertzuwachses, der Sicherheit und der Liquidität durchzuführen. Durch eine Anlegergemeinschaft, dem Investmentfonds, können die hierbei entstehenden Kosten für den einzelnen, auch den kleinsten Anleger, so niedrig gehalten werden, daß auch ihm die Möglichkeit einer solchen Vermögensanlage eröffnet wird.

---

[16] Die S. E. C. (Securities and Exange Commission) ist die staatlich amerikanische Aufsichtsbehörde für das Wertpapierwesen.
[17] Mates: „Erst investieren, dann nachprüfen", in: Finanz und Wirtschaft vom 11. 1. 1969, S. 11.

B. Rechtlicher Aufbau der KAG

Die einfachste rechtliche Form für eine Investmentgesellschaft ist eine nach amerikanischem Vorbild aufgebaute aktienrechtliche Investmentgesellschaft[18]. Bei ihr sind die Anteilinhaber Aktionäre der Investmentgesellschaft, die im Aktivgeschäft die eingelegten Gelder zum Ankauf verschiedener Wertpapiere verwendet[19].

Der deutsche Gesetzgeber hat die aktienrechtlich aufgebaute Investmentgesellschaft jedoch nicht zugelassen. Die Gründe hierfür sind folgende:

1. Eine laufende Ausgabe neuer und Rücknahme alter Aktien ist mit dem deutschen Aktienrecht — anders als in den USA — nicht vereinbar; dies wäre nur nach den Vorschriften über die Kapitalerhöhung gem. §§ 182 ff. AktG bzw. die Kapitalherabsetzung gem. §§ 222 ff. AktG möglich[20]. Hiernach ließe sich mit Hilfe des genehmigten Kapitals gem. §§ 202—204 AktG nur eine laufende Ausgabe neuer Aktien erreichen, in keinem Fall aber eine laufende Rücknahme alter Aktien.

2. Da Ertrag und Vermögen einer aktienrechtlich aufgebauten KAG der Körperschaftsteuer und der Vermögensteuer unterliegen, würde dies zu einer Dreifachbesteuerung führen, nämlich bei der AG, deren Aktien von der KAG erworben werden, bei der Investmentgesellschaft und bei der Anteilinhabern.

Da KAG gem. § 7 Abs. 4 KAGG nur Minderheitsbeteiligungen erwerben dürfen, können sie das Schachtelprivileg des § 9 Abs. 1 KStG nicht genießen.

Einen weiteren Grund, der zur Ablehnung der aktienrechtlichen Lösung führte, sieht Baum[21] darin, daß die aktienrechtliche Lösung dem Aktionär nur Mitgliedschaftsrechte, aber keine Miteigentumsrechte geben. Von Caemmerer[22] führt an, daß es dem Wesen einer Investmentgesellschaft nicht entspräche, dem Anteilinhaber Einfluß auf die Leitung der KAG einzuräumen, da der Inhaber von Investmentanteilen die Sachkunde des Management „Kaufen" und nicht Herrschaftsrechte erwerben wolle.

Der vom deutschen Gesetzgeber zugelassene rechtliche Aufbau für KAG findet sich im KAGG. Das KAGG nennt drei Rechtsträger: die

---

[18] Vgl. *Bullock*, a.a.O., S. 164.
[19] Vgl. *Walter*, a.a.O., S. 97.
[20] Vgl. *vom Berge und Herrendorf*, a.a.O., S. 41; *Baum*, a.a.O., S. 94; *Siara/Tormann*, a.a.O., Anm. zu § 6.
[21] *Baum*, a.a.O., S. 92.
[22] *v. Caemmerer*, a.a.O., S. 44.

KAG, das Sondervermögen und die Depotbank[23]. Diese drei Rechtsträger sind scharf voneinander zu trennen.

Die KAG kann gem. § 1 Abs. 2 KAGG nur in der Rechtsform einer AG oder einer GmbH geführt werden. Die Aktien der KAG, die gem. § 1 Abs. 3 KAGG auf den Namen lauten müssen, bzw. die Geschäftsanteile der KAG befinden sich i. d. R. in den Händen der Gründerbanken.

Nach dem herrschenden Wertpapierbegriff[24] ist ein Wertpapier eine Urkunde, in der ein privates Recht in der Weise verbrieft ist, daß zur Ausübung des Rechts die Innehabung der Urkunde erforderlich ist. Die Anteilscheine der Investmentfonds verbriefen gem. § 17 Abs. 1 KAGG die Ansprüche der Anteilinhaber gegenüber der KAG. Gem. § 10 Abs. 2 KAGG ist der Anteilschein vorzulegen, wenn der Anteilinhaber sein Anteil an dem Sondervermögen aus diesem ausgezahlt haben will. Die Anteilscheine sind somit Wertpapiere[25].

Sofern die Anteilscheine auf den Inhaber lauten, können sie wie bewegliche Sachen übertragen, verpfändet und gepfändet werden (§§ 929—931, 1293 BGB; § 808 ZPO). Sofern sie auf den Namen lauten, erfolgt ihre Übertragung durch Übergabe des indossierten Papiers, eine Verpfändung erfolgt gem. § 1292 BGB, der Namensanteilschein kann gem. § 808 ZPO gepfändet werden.

Die von den Anteilsinhabern eingezahlten Beträge und die damit angeschafften Wertpapiere bilden ein „Sondervermögen"[26]. Dieses „Sondervermögen" ist gem. § 6 Abs. 1 Satz 3 KAGG von dem eigenen Vermögen der KAG getrennt zu halten, so daß also grundsätzlich zwei getrennte Vermögensmassen bestehen: das Gesellschaftsvermögen der KAG und das den Investmentfonds bildende Sondervermögen, das von Anteilinhabern aufgebracht worden ist[27].

Eine KAG darf gem. § 6 Abs. 3 KAGG mehrere Sondervermögen, also mehrere Fonds, bilden.

Die Errichtung eines Investmentfonds (Sondervermögen) kann nach der „cash method" oder der „appropriation method" erfolgen[28]. Wäh-

---

[23] Vgl. *Geßler:* Das Recht der Investmentgesellschaften und ihrer Zertifikatsinhaber, in: Wertpapier-Mitteilungen, Sonderbeilage Nr. 4, vom 18. 5. 1957, S. 11.
[24] *Hueck:* Recht der Wertpapiere, 8. Aufl., Berlin und Frankfurt 1960, § 1 I.
[25] *Baum,* a.a.O., S. 150; *v. Caemmerer,* a.a.O., S. 48; *Geßler,* a.a.O., S. 24; *Schuler,* a.a.O., S. 1051; *Stara/Tormann,* a.a.O., § 17 Anm. I.
[26] Vgl. § 1 Abs. 1 und § 6 Abs. 1 KAGG; *Reuter,* a.a.O., S. 75.
[27] Vgl. *Baum,* a.a.O., S. 94; *Walter,* a.a.O., S. 123.
[28] Vgl. *Boveri:* Über die rechtliche Natur der Investment Trusts und die Rechtsstellung des Zertifikatsinhabers, Diss., Zürich 1945, S. 72 ff.; *Barocka,* a.a.O., S. 76 f.

rend bei der „cash method" zunächst Anteilscheine ausgegeben werden und mit den darauf eingezahlten Geldern Wertpapiere erworben werden, kauft bei der „appropriation method" die KAG zunächst mit eigenen Mitteln Wertpapiere, über die dann Anteilscheine ausgegeben werden.

Gem. § 6 Abs. 2 KAGG können bei den Wertpapierfonds die zum Sondervermögen gehörenden Werte im Eigentum der KAG oder im Miteigentum der Anteilinhaber stehen.

I. Die Treuhandlösung

Treuhandlösung heißt die Rechtskonstruktion, bei der die zum Sondervermögen gehörenden Werte im Eigentum der KAG stehen[29].

Da die Treuhandlösung im KAGG nicht näher definiert ist, muß auf das allgemeine Treuhandrecht zurückgegriffen werden.

Der Treuhänder, die KAG, erhält im Außenverhältnis gegenüber Dritten das volle Eigentum an den Werten des Sondervermögens. Im Innenverhältnis ist die KAG als Treuhänder gegenüber dem Anteilinhaber als Treugeber schuldrechtlich verpflichtet[30].

Nach allgemeinem Treuhandrecht steht dem Treugeber nach h. M. das Widerspruchsrecht des § 771 ZPO gegenüber den Gläubigern des Treuhänders und ein Anspruch auf Aussonderung im Konkurs zu[31]. Nach der ständigen Rechtsprechung[32] und der überwiegenden Literaturmeinung[33] gilt dies jedoch nur dann, wenn das Treugut unmittelbar aus dem Vermögen des Treugebers in das des Treuhänders übergegangen ist.

Dies ist bei Investmentfonds nicht der Fall, da das Treugut (die Wertpapiere) von dritter Seite (über die Börse) durch den Treuhänder (die KAG) erworben werden. Sollte das Unmittelbarkeitsprinzip richtig sein, wäre der Investmentsparer ohne eine zusätzliche Sicherung in Fällen der Vollstreckung in das Treugut schutzlos. Eine starke Literaturmeinung lehnt jedoch das Unmittelbarkeitsprinzip ab[34], ins-

---

[29] Vgl. *Siara/Tormann*, a.a.O., § 6 Anm. I.

[30] Vgl. *Palandt*: Kommentar zum BGB, 26. Aufl., München und Berlin 1967, Einf. vor § 929, 7 B; vgl. auch *vom Berge und Herrendorf*, a.a.O., S. 42 f.; *Baum*, a.a.O., S. 95 ff.

[31] Zusammenstellung von Literatur und Rechtsprechung bei *Jäger*: Konkursordnung, 1. Bd. bearb. von Lent, 8. Aufl. Berlin 1958, § 43 Anm. 38 ff.

[32] RGZ 84, 214 (217); 91, 12 (16); 94, 305 (308); 127, 341 (344); 133, 84 (87).

[33] *Jäger*, a.a.O., § 43 Anm. 41; *Lehmann-Hübner*: Allgemeiner Teil des Bürgerlichen Gesetzbuches, 15. Aufl., Berlin 1966, S. 256, *Siebert*: Das rechtsgeschäftliche Treuhandverhältnis, Marburg 1933, S. 194; *Wieczorek*: Zivilprozeßordnung, Bd. 4, Teil 1, Berlin 1960, § 771 Anm. IV a 2.

[34] *Nord*: Rechtsprechung des Reichsgerichts, Handelsrecht, Anm. zu Nr. 9, in: JW 1929, S. 645; *Aßfalg*: Die Behandlung von Treugut im Konkurse des

besondere für die Fälle der Treuhandkonten[35]. Der Streit um das Unmittelbarkeitsprinzip braucht hier jedoch nicht weiter behandelt zu werden, da durch die nachfolgend angeführten Vorschriften des KAGG der Investmentsparer bei einer Vollstreckung in den Fonds geschützt ist.

Das Sondervermögen ist gem. § 9 Abs. 2 KAGG von jeglicher Haftung für Verbindlichkeiten der KAG befreit. Die KAG kann nicht als Bevollmächtigte der Anteilinhaber handeln. Ein dennoch vorgenommenes Rechtsgeschäft ist wegen der Nichtigkeit der Vollmacht gem. § 177 BGB schwebend unwirksam, bis es durch alle Anteilinhaber genehmigt ist. Wenn die KAG in einem Vertrag mit einem Dritten eine Verpflichtung der Anteilinhaber oder Haftung des Fonds vereinbart, so handelt sie ohne wirksame Ermächtigung. Eine Verpflichtung der Anteilinhaber oder des Fonds entsteht gem. § 9 Abs. 2 KAGG nicht[36].

Die Anteilinhaber bilden eine Bruchteilsgemeinschaft gem. §§ 741 ff. BGB. Das Recht, die Aufhebung der Gemeinschaft der Anteilinhaber zu verlangen, ist hinsichtlich des Sondervermögens gem. § 10 Abs. 1 KAGG ausgeschlossen. Dies gilt auch für den Fall eines wichtigen Grundes, in dem § 749 Abs. 3 BGB eine die Aufhebung ausschließende Vereinbarung für nichtig erklärt, sowie für den Fall der Pfändung eines Anteils durch einen Gläubiger gem. §§ 751, 1258 Abs. 2, 1273 Abs. 2 BGB, sowie für den Fall des Konkurses eines Anteilinhabers (§ 16 Abs. 2 KO)[37].

Für den Fall einer Einzelzwangsvollstreckung in das Sondervermögen ist die Depotbank gem. § 11 Abs. 8 Nr. 2 KAGG berechtigt und *verpflichtet* im eigenen Namen die Drittwiderspruchsklage gem. § 771 ZPO zu erheben. Den Anteilinhabern steht das Widerspruchsrecht nicht zu. Diese Regelung bedeutet letztlich eine Besserstellung der Anteilinhaber, da diese i. d. R. keine Kenntnis von einer Zwangsvollstreckung in das Sondervermögen erhalten würden. Außerdem ist wegen der Vielzahl der Anteilinhaber die Zahl der im Falle einer Vollstreckung Betroffenen sehr groß, so daß die Erhebung der Drittwiderspruchsklage diesen nicht überlassen werden konnte[38].

Treuhänders, Berlin und Tübingen 1960, S. 167 ff.; *Enneccerus-Nipperdey:* Lehrbuch des Bürgerlichen Rechts, 1. Bd., 15. Aufl., Tübingen 1960, S. 920; *Kötz:* Trust und Treuhand, Diss., Hamburg 1963, S. 136; *Palandt,* a.a.O., § 929 Anm. 7 E.; *v. Staudinger:* Kommentar zum BGB, Bd. I ff., 11. Aufl., Berlin 1963.

[35] *Opitz:* Anderkontenrecht, in: Bankarchiv 1933/34, S. 81 ff.; Ebenda, 1940, S. 55, 57.

[36] Vgl. *Siara/Tormann,* a.a.O., § 9 Anm. II; *Dürre-Full:* Erläuterungen zum KAGG, in: Das Deutsche Bundesrecht, III H. 28, Anm. zu § 9.

[37] Vgl. *Siara/Tormann,* a.a.O., § 10 Anm. I; *Dürre-Full,* a.a.O., Anm. zu § 10.

[38] Vgl. *Siara/Tormann,* a.a.O., § 11 Anm. VIII.

Im Fall des Konkurses verliert die KAG gem. § 12 Abs. 3 KAGG die Berechtigung zur Verwaltung des Sondervermögens. Die Verfügungsbefugnis bzw. das Treuhandeigentum der KAG an den Gegenständen des Sondervermögens geht dann nach § 13 Abs. 1 KAGG auf die Depotbank über. Die Depotbank ist danach berechtigt, im eigenen Namen über die Gegenstände des Sondervermögens zu verfügen und alle Rechte aus ihnen auszuüben. Insbesondere kann sie die Aussonderung des Sondervermögens verlangen, welches gem. § 12 Abs. 3 Satz 2 KAGG ausdrücklich nicht zur Konkursmasse der KAG gehört. Nach § 13 Abs. 2 KAGG hat die Depotbank das Sondervermögen abzuwickeln oder die Verwaltung einer neuen KAG zu übertragen[39].

II. Die Miteigentumslösung

Bei der Miteigentumslösung stehen die zum Sondervermögen gehörenden Werte im Miteigentum der Anteilinhaber. Die Mitberechtigung erstreckt sich bei Investmentfonds auf die zum Sondervermögen gehörenden Bezugsrechte und Forderungen[40].

Vor Einführung des KAGG bedienten sich alle Investmentgesellschaften der Miteigentumslösung, da bei dieser die Anteilinhaber im Falle der Zwangsvollstreckung durch die Gläubiger der Investmentgesellschaft und im Falle des Konkurses der Investmentgesellschaft auch ohne die oben besprochenen Vorschriften des KAGG geschützt sind.

Verfügungsmacht, Verwaltung und Besitz der Wertpapiere sind der KAG anvertraut[41]. Daher ist das Miteigentum der Anteilinhaber als „abgeschwächtes Eigentum" bezeichnet worden[42], bzw. „als eine Treuhandschaft der Investmentgesellschaft unter konkurs- und vollstreckungsrechtlicher Sicherung der Rechte der Treugeber"[43].

Dies dürfte dem entsprechen, was wirtschaftlich gewollt ist und was den Interessen des Anlegers entspricht, der die Verwaltung seines Aktienportefeuilles Fachleuten anvertrauen möchte, wobei seine Position als Eigentümer rechtlich gesichert sein soll. Die Tatsache, daß

---

[39] Vgl. *Wendt:* Treuhandverhältnisse nach dem Gesetz über Kapitalanlagegesellschaften, Diss., Münster 1968, S. 136 f.
[40] Vgl. *Siara/Tormann,* a.a.O., § 6 Anm. I; *v. Caemmerer,* a.a.O., S. 46; vgl. auch *Reuter,* a.a.O., S. 103 f.; *Baum,* a.a.O., S. 99 ff.; *Meyer-Cording;* Investmentgesellschaften, in: ZfHR, 1952, 115. Bd., S. 78 f.; *Larenz:* Zur Lehre von Rechtsgemeinschaften, in Jherings Jahrbuch, 53. Bd., S. 108 ff., insbes. S. 165.
[41] Vgl. § 8 Abs. 2 KAGG; *v. Caemmerer,* a.a.O., S. 46.
[42] *Boveri,* a.a.O., S. 86 f.
[43] *v. Caemmerer,* a.a.O., S. 46.

diesem Miteigentum das Mitspracherecht fehlt, beeinträchtigt deshalb nicht seine Geeignetheit für Investmentfonds[44].

Da die Treuhandlösung in konkurs- und vollstreckungsrechtlicher Sicht ebenso gesichert ist wie die Miteigentumslösung, bestehen heute bei den Wertpapierfonds hinsichtlich der rechtlichen Wirkungen keine wesentlichen Unterschiede zwischen der Treuhandlösung und der Miteigentumslösung[45].

---

[44] Anderer Meinung *Walter*, a.a.O., S. 127.
[45] *v. Caemmerer*, a.a.O., S. 46; *Siara/Tormann*, a.a.O., § 6 Anm. I; *Reuter*, a.a.O., S. 107.

Zweites Kapitel

Gesetzliche Regelung des Vertriebs ausländischer Investmentanteile in der BRD

A. Das Erfordernis einer gesetzlichen Regelung der Tätigkeit ausländischer Investmentgesellschaften in der BRD

Vor der Einführung der Konvertibilität der Deutschen Mark, Ende 1958, spielte der Absatz ausländischer Investmentanteile in der BRD nur eine untergeordnete Rolle. Auch danach, bis Anfang der 60er Jahre, erreichte der Absatz ausländischer Investmentanteile in der BRD nur ein geringes Volumen[1].

Dies änderte sich in den letzten Jahren. 1967 belief sich der Nettoabsatz ausländischer Investmentanteile in der BRD bereits auf DM 297 Mill., während der Absatz deutscher Investmentzertifikate DM 485 Mill. betrug. Im Jahre 1968 betrug der Nettoabsatz ausländischer Investmentanteile in der BRD DM 948 Mill., das Mittelaufkommen bei den deutschen Investmentfonds stieg 1968 auf 1 662 Mill., davon entfielen DM 890 Mill. auf Aktienfonds[2].

Das KAGG gilt nur für Gesellschaften mit Sitz im Inland. Über einen Gesetzesentwurf zur Änderung des KAGG, der sich u. a. mit der Tätigkeit der ausländischen Investmentgesellschaft in der BRD befaßt, hat der Wirtschaftsausschuß des Deutschen Bundestages zum ersten Mal im Jahre 1960 beraten[3]. Zu einer gesetzlichen Regelung des Vertriebs der Anteile ausländischer Investmentgesellschaften in der BRD ist es damals jedoch nicht gekommen[4]. Das in den letzten Jahren erreichte Absatzvolumen der ausländischen Investmentgesellschaften in der BRD machte jedoch eine neue Initiative des Gesetzgebers erforderlich, um möglichen Fehlentwicklungen im Investmentgeschäft vor-

---

[1] Entw.AuslInvestmG, a.a.O., S. 14.

[2] Statistische Beihefte zu den Monatsberichten der Deutschen Bundesbank, Reihe 2, Wertpapierstatistik, März 1969, Nr. 20.

[3] Schriftlicher Bericht des Finanzausschusses über den von den Fraktionen der CDU/CSU, SPD, FDP, DP eingebrachten Entwurf eines Gesetzes zur Änderung des KAGG, Deutscher Bundestag, Drucksache 1909/3 vom 9. Juni 1960.

[4] Die Darstellung von *Walter*, a.a.O., S. 47, daß die ausländischen Unternehmen in das KAGG mit einbezogen wurden, ist unzutreffend.

A. Erfordernis einer Regelung der Tätigkeit der Auslandsfonds

zubeugen[5]. Das Nebeneinander des Angebots von Anteilen ausländischer Investmentgesellschaften, die teilweise auch in ihrem Sitzland keiner speziellen Investmentgesetzgebung unterliegen, und von Anteilen der durch das KAGG geregelten inländischen Investmentgesellschaften führte zu einer Störung des Wettbewerbsverhältnisses zwischen diesen[6]. Insbesondere war zu befürchten, daß durch Fehlentwicklungen im Bereich der ausländischen nicht kontrollierten Fonds, deren Anteile in der BRD vertrieben werden, das Vertrauen in den Investmentgedanken und damit die durch das KAGG angestrebten Ziele gefährdet werden[7].

Aus den genannten Gründen war eine Internationalisierung unseres Investmentrechts erforderlich, damit auch der Vertrieb der Anteile der ausländischen Investmentgesellschaften in der BRD erfaßt wurde[8].

Der einfachste Weg, das KAGG auf ausländische Investmentgesellschaften zu erstrecken, ist nicht gangbar. Auf Investmentgesellschaften mit Sitz außerhalb des Hoheitsgebietes der BRD hat der deutsche Gesetzgeber keine direkten Einwirkungsmöglichkeiten. Diese wären aber erforderlich, wenn er die Verfassung ausländischer Investmentgesellschaften in gleicher Weise regeln wollte wie die inländischen[9].

Da sich die Tätigkeit ausländischer Investmentgesellschaften in der BRD auf den Vertrieb beschränkt, wurde im AuslInvestmG folgerichtig der Vertrieb zum Ansatzpunkt einer gesetzlichen Regelung gemacht[10].

Eine Vertriebsregelung sollte sich zunächst auf die Publizität der ausländischen Investmentgesellschaften im Inland und die inländische Werbung für die ausländischen Investmentgesellschaften beziehen[11].

Darüber hinaus bestehen für eine Vertriebsregelung grundsätzlich zwei Möglichkeiten:

1. Die Aufstellung von Zulassungsvoraussetzungen für die ausländische Investmentgesellschaft, die diese erfüllen muß, damit ihre Anteile in der BRD vertrieben werden dürfen.

---

[5] Vgl. Entw.AuslInvestmG, a.a.O., S. 15.
[6] Ebenda; vgl. auch *Walter*, a.a.O., S. 46.
[7] *Hankel*, a.a.O., S. 709.
[8] Vgl. Entw.AuslInvestmG, a.a.O., S. 15; *Hankel*, a.a.O., S. 709.
[9] Vgl. Entw.AuslInvestmG, a.a.O., S. 15.
[10] Vgl. § 1 Abs. 1 AuslInvestmG.
[11] Für beide Bereiche sind im AuslInvestmG Regelungen getroffen worden. Hierauf soll nur insoweit eingegangen werden, als dies zu der Beantwortung der der Themenstellung dieser Arbeit entsprechenden Frage „Auf wen soll sich eine Regelung der Vertriebstätigkeit der ausländischen Investmentgesellschaften in der BRD erstrecken"? erforderlich ist.

2. Die Regelung der inländischen Berufsausübung und Berufswahl der mit dem Vertrieb von ausländischen Investmentanteilen befaßten Personen.

Im folgenden soll versucht werden, die Fragen zu beantworten, inwieweit die Aufstellung von Zulassungsvoraussetzungen zweckmäßig ist und ob die Investmentgesetzgebung auf die Berufsausübung und Berufswahl der mit dem Vertrieb von ausländischen Investmentanteilen befaßten Personen erstreckt werden sollte.

B. Die Zulassungsvoraussetzungen für den Vertrieb von ausländischen Investmentanteilen in der BRD im AuslInvestmG

Nach dem AuslInvestmG ist der Vertrieb ausländischer Investmentanteile in der BRD nur dann zulässig, wenn die ausländische Investmentgesellschaft tatsächlich und nach ihren Vertragsbedingungen die folgenden Zulassungsvoraussetzungen erfüllt:

1. Sie benennt einen Repräsentanten im Inland, der hier die ausländische Investmentgesellschaft gerichtlich und außergerichtlich vertritt (§ 2 Nr. 1 und § 6[12]).
2. Das Fondsvermögen wird durch eine oder mehrere inländische oder ausländische Depotbanken i. S. des § 11 KAGG verwahrt (§ 2 Nr. 2).
3. Ein oder mehrere inländische Kreditinstitute werden als mögliche Zahlstelle genannt (§ 2 Nr. 3).
4. Die Anteile werden dem Käufer unverzüglich übertragen (§ 2 Nr. 4a).
5. Die Investmentgesellschaft nimmt auf Verlangen des Anlegers Anteile zurück (§ 2 Nr. 4b).
6. Bei Sparplänen werden nicht mehr als $1/3$ der Zahlungen des ersten Jahres als Gebühren berechnet (§ 2 Nr. 4c).
7. Es werden keine Anteile von Dachfonds angeboten (§ 2 Nr. 4d).
8. Das Fondsvermögen darf durch Kredite nur bis höchstens 10 v.H. beliehen werden, andere Belastungen sind untersagt (§ 2 Nr. 4e und f).
9. Zu Lasten des Sondervermögens werden keine Leerverkäufe vorgenommen (§ 2 Nr. 4g).

---

[12] Die in der Aufstellung genannten §§ beziehen sich auf das AuslInvestmG

I. Nachteile der Zulassungsvoraussetzungen für den Vertrieb kontrollierter Fonds

Die Erfüllung eines Teils dieser Zulassungsvoraussetzungen bereitet für Investmentgesellschaften, die in ihrem Sitzland einer strengen Investmentgesetzgebung unterliegen, erhebliche Schwierigkeiten.

Ein sehr wesentlicher Teil der ausländischen Investmentgesellschaften, deren Anteile in der BRD vertrieben werden, ist nach amerikanischem Recht gegründet, unterliegt damit den strengen Wertpapiergesetzen der USA und untersteht der Kontrolle der amerikanischen Wertpapieraufsichtsbehörde, der Securities and Exchange Commission (S.E.C.)[13].

Von diesen Zulassungsvoraussetzungen sind für US Investmentfonds nicht oder nur schwer erfüllbar[14]:
1. Die Benennung eines Repräsentanten gem. § 2 Nr. 1 und § 6 AuslInvestmG.
2. Die Begrenzung der Vorwegbelastung der Kosten bei Sparplänen gem. § 2 Nr. 4c AuslInvestmG.
3. Die Einschränkung der Spekulationsmöglichkeiten durch Kreditaufnahme gem. § 2 Nr. 4f AuslInvestmG und Leerverkäufe gem. § 2 Nr. 4g AuslInvestmG.

1. Die Benennung eines Repräsentanten gem. § 2 Nr. 1 und § 6 AuslInvestmG

Gem. § 2 Nr. 1 AuslInvestmG muß die ausländische Investmentgesellschaft einen Repräsentanten mit Sitz in der BRD nennen.

Dieser vertritt gem. § 6 Abs. 1 AuslInvestmG die ausländische Investmentgesellschaft im Inland gerichtlich und außergerichtlich. Neben der Investmentgesellschaft (dem Fonds) bestehen i. d. R. eine selbständige Verwaltungsgesellschaft (Anlageberater des Fonds) und eine Vertriebsgesellschaft. Für diese ist der Repräsentant gem. § 6 Abs. 1 Satz 2 Zustellungsbevollmächtigter. Der Wohnsitz des Repräsentanten ist nach

---
[13] Vgl. *Baum*, a.a.O., S. 202; *Gesell*, a.a.O., S. 119 ff.; *Koch*, Strenge Wertpapiergesetze in den USA, in: Handelsblatt, Sonderdruck Nr. 48.

[14] So die Stellungnahmen von Vertretern des amerikanischen Investmentgewerbes: *Johnson*, Vizepräsident des Investment Company Institut, New York: Interview, in: Investment Fonds Analyst, Nr. 11, Düsseldorf 1968; *Byrnes*, Vizepräsident der Fidelity Fund Gruppe: Interview, in: Investment Fonds Analyst, Nr. 10, Düsseldorf 1968, S. 15; *Aronson*, Präsident der Value Line Fund Gruppe: Interview, in: Investment Fonds Analyst, Nr. 10, Düsseldorf 1968, S. 14; derselbe: Mündliche Auskunft; *Dehlsen*, International Sales Manager von Sharehold Management Company: Mündliche Auskunft.

§ 6 Abs. 2 zugleich Gerichtsstand für diese beiden Gesellschaften. Dies hat den Vorteil, daß ein Anleger erforderlichenfalls auch gegen die Verwaltungs- und die Vertriebsgesellschaft ein Urteil eines deutschen Gerichts erlangen kann, dessen Nichterfüllung gem. § 8 Abs. 3 Nr. 5 AuslInvestmG ein obligatorisches Vertriebsverbot im Inland für den betreffenden Fonds zur Folge hat.

Der gem. § 6 Abs. 1 AuslInvestmG zu bestellende Repräsentant vertritt die ausländische Investmentgesellschaft mit unbeschränkter Vertretungsmacht. Seine Befugnisse können gem. § 6 Abs. 1 Satz 3 AuslInvestmG nicht beschränkt werden. Die Erfüllung dieser Vorschrift ist für die Mehrzahl der US Investmentfonds nicht möglich, da die Satzungen dieser Fonds die Übertragung so weitgehender Vollmachten, wie sie § 6 Abs. 1 AuslInvestmG für den Repräsentanten verlangt, auf andere Personen als auf Mitglieder des Vorstandes der Investmentgesellschaft nicht zulassen[15]. Eine Satzungsänderung aber bedarf der Zustimmung der Mehrheit der Anteilinhaber des Fonds, da die Fonds in den USA i. d. R. als Aktiengesellschaften organisiert sind. Es ist aber nicht zu erwarten, daß die Mehrzahl der ausländischen Investmentgesellschaften nur wegen des deutschen Geschäfts, das im Verhältnis zum Gesamtabsatzvolumen unbedeutend ist, ihre Satzungen ändern wird.

Unter diesen Umständen ist zu erwarten, daß sich ein großer Teil der US-Investmentgesellschaften dazu entschließen wird, auf einen Vertrieb seiner Anteile in der BRD zu verzichten — ein Ergebnis, das sicher nicht im Sinne des Gesetzgebers liegt, da gerade diese Fonds der strengen Kontrolle der Securities and Exchange Commission unterliegen.

Statt dessen wäre es zweckmäßiger, auch die ausländischen Investmentgesellschaften zu verpflichten, einen Zustellungsbevollmächtigten im Inland zu benennen, und die Käufer ausländischer Investmentanteile dadurch zu schützen, daß die inländische Vertriebsgesellschaft dem Anleger für alle Verpflichtungen der ausländischen Investment-, Vertriebs- und Verwaltungsgesellschaft aus dem Investmentvertrag selbstschuldnerisch haftet. Die Realisierung dieser Haftung müßte durch den Abschluß ausreichender Versicherungen gewährleistet sein[16]. Eine solche Regelung hat gegenüber der Bestellung eines Repräsentanten gem. § 2 Nr. 1 AuslInvestmG den Vorteil, daß der Anleger seine Ansprüche

---

[15] Verband der Investmentvertriebsfirmen: Stellungnahme zum Entwurf des AuslInvestmG, Frankfurt/M. 1968, S. 16; *Aronson*, a.a.O.; *Byrnes*, a.a.O.; *Johnson*, a.a.O.; Reform des Kapitalanlagegesetzes — Ein Rückschritt mit schweren Folgen, a.a.O., S. 4.

[16] Vgl. Verband der Investmentvertriebsfirmen, a.a.O., S. 19; Unsere Meinung, in: Wirtschafts- u. Investment Digest, Nr. 10, 1968, S. 113.

leichter durchsetzen kann, da dann eine Vollstreckung im Ausland nicht erforderlich ist.

2. Die Vorwegbelastung der Kosten bei Sparplänen gem. § 2 Nr. 4c AuslInvestmG

Die Gebührenregelung des Investment Company Act gestattet amerikanischen Investmentgesellschaften, bei Sparplänen von den ersten zwölf Monatsraten 50 v.H. für die Ankaufgebühren abzuziehen[17], während § 2 Nr. 4c AuslInvestmG nur einen Abzug von 33 $^1/_3$ v.H. zuläßt.

Die meisten Kapitalansammlungsverträge ausländischer Investmentgesellschaften, auch die von US-Fonds angebotenen Verträge, sehen vor, daß nicht ein Drittel, sondern die Hälfte der ersten 13 Zahlungseinheiten (die erste Zahlung besteht aus zwei Zahlungseinheiten) auf die Ankaufsgebühren verrechnet werden[18]. Wollte man dies ändern, um sich den Zulassungsvoraussetzungen des AuslInvestmG anzupassen, so würde das nicht nur ein rechtliches Problem für die Investmentgesellschaft aufwerfen, da dies eine unterschiedliche Behandlung der deutschen und ausländischen Anteilinhaber (Aktionäre bei US-Fonds) bedeuten würde, sondern auch ein technisches und ein Kostenproblem.

Die Kosten eines besonderen Datenverarbeitungsprogramms für Sparpläne nur für den deutschen Markt unter Beachtung der Gebührenregelung gem. § 2 Nr. 4c AuslInvestmG und die parallel nebeneinander laufende Verwaltung zweier verschiedener Datenverarbeitungsprogramme (nämlich eines mit 50 v.H. Kostenverteilung und das andere mit 33 $^1/_3$ v.H. Kostenverteilung auf die ersten 13 Zahlungseinheiten) sind so hoch, daß dies selbst größere Fonds veranlassen könnte, auf den deutschen Markt zu verzichten. Die speziell für den deutschen Markt entstehenden Kosten stünden außer Verhältnis zu dem dort möglichen Ertrag[19].

Andererseits ist zu beachten, daß durch die Gebührenregelung des § 2 Nr. 4c AuslInvestmG nur die zeitliche Verteilung der Kostenerhebung bei Sparplänen geändert werden soll; die Höhe der Kosten wird durch § 2 Nr. 4c nicht berührt.

In diesem Zusammenhang sei noch darauf hingewiesen, daß insbesondere im Bereich der Lebensversicherung eine weitgehende Vorwegbelastung der Kosten und deren Verrechnung mit den in den ersten

---

[17] Investment Company Act, a.a.O., § 80a—27 (a) (2).
[18] Stellungnahme der I. O. S., Ltd. (S. A.) zum Entwurf eines Gesetzes über den Vertrieb ausländischer Investmentanteile, 15. August 1968, S. 4.
[19] *Johnson*, a.a.O.; *Byrnes*, a.a.O.; *Aronson*, a.a.O.; Stellungnahme der I. O. S., Ltd. (S. A.), a.a.O., S. 5.

Jahren der vertraglichen Laufzeit geleisteten Versicherungsprämie erfolgt, mit der Folge, daß bei Kündigung einer Lebensversicherung am Ende des ersten Versicherungsjahres nur ein Rückkaufswert ausgezahlt wird, der wesentlich geringer als 50 v.H der Beitragszahlungen des ersten Jahres ist. Dem kann auch nicht entgegengehalten werden, daß bei einer Lebensversicherung der Versicherungsnehmer bereits mit Vertragsbeginn vollen Versicherungsschutz genießt und insoweit eine echte Gegenleistung für seine Beitragszahlungen erhalte. Denn der Lebensversicherungsschutz kann auch allein durch eine Risikoversicherung erreicht werden; im Fall der vorzeitigen Kündigung des Versicherungsvertrages aber geht nicht nur der auf die Risikotragung entfallende Teil der Prämie verloren, sondern wird auch der auf die Kapitalansammlung entfallende Teit der Beitragszahlung weitgehend, und zwar zu mehr als 50 v.H., abgezogen.

Aus den genannten Gründen sollte bei Sparplänen gestattet werden daß bis zu 50 v.H. der Zahlungen des ersten Jahres für die Deckung der Vertriebsgebühren verwendet werden. Aus Gründen der Gleichbehandlung sollte deutschen Investmentgesellschaften eine gleich hohe Vorwegbelastung der Vertriebsgebühren erlaubt werden.

3. Die Einschränkung der Spekulationsmöglichkeiten durch Kreditaufnahme gem. § 2 Nr. 4f AuslInvestmG und Leerverkäufe gem. § 2 Nr. 4g AuslInvestmG

Gem. § 2 Nr. 4f und g AuslInvestmG ist der Vertrieb von Anteilen solcher Investmentfonds, die zu Lasten des Fondsvermögens mehr als 10 v.H. Kredite aufnehmen oder Leerverkäufe tätigen, verboten.

Gem. § 18 (a) (1) (A) Investment Company Act[20] ist US-Investmentfonds eine Kreditaufnahme bis zu 33 $^{1}/_{3}$ v.H. des Fondsvermögens erlaubt und gem. § 12 (a) (3) ist ihnen die Durchführung von Leerverkäufen im Zusammenhang mit Emissionen („Underwriting"[21]) erlaubt.

Die Möglichkeit, Kredit zu Lasten des Fondsvermögens aufzunehmen und Leerverkäufe vorzunehmen, ist in dem von dem Investment Company Act gegebenen Rahmen in den Satzungen vieler US-Investmentfonds vorgesehen. Eine Satzungsänderung hierüber aber bedarf gem. § 13 (a) (2) Investment Company Act einer Zustimmung der Mehrheit der Anteilinhaber des Fonds, die nicht zu erreichen sein dürfte, da die Anteilinhaber eines solchen Fonds sich beim Kauf ihrer Anteile bewußt für eine solche „aggressive" Anlagepolitik des Fonds entschieden haben.

---

[20] US Code Titel 15 — § 80a.
[21] Wegen der genauen Bedeutung siehe US Code Titel 15 § 80a — 2 (a) (38).

Andererseits ist zu beachten, daß erfahrungsgemäß nicht wenige inländische Anleger unter bewußter Inkaufnahme eines gewissen Risikos eine optimale Anlage ihres Vermögens suchen und gerade auf eine Anlage in spekulativen ausländischen Fonds Wert legen. Dem kann auch nicht durch den Hinweis begegnet werden, daß diese Anleger ihre Anlagen im Ausland tätigen sollen, denn ohne eine Werbung für diese Fonds im Inland würde der Anleger kaum von diesen erfahren und schon gar nicht eine ausreichende Marktübersicht erhalten können. Darüber hinaus sollte in einer Zeit, in der die Wiederzulassung der Börsen-Termingeschäfte und damit der Leerverkäufe erwogen wird[22], dem Anleger, der zur bewußten Übernahme eines größeren Risikos bereit ist, die Möglichkeit gegeben werden, auch im Inland die Anteile solcher Fonds zu erwerben.

Aus den genannten Gründen sollte die Kreditaufnahme zu Lasten des Fondsvermögens in einem größeren Rahmen, d. h. bis zu 33 $^{1}/_{3}$ v.H. gestattet werden und auch die Durchführung von Leerverkäufen erlaubt sein. Aus Gründen der Gleichbehandlung, insbesondere im Wettbewerb zwischen in- und ausländischen Fonds, sollten auch für deutsche Investmentgesellschaften solche Geschäfte in gleichem Umfang zugelassen werden.

Da die Anlagepolitik der Fonds, die Kredite aufnehmen und Leerverkäufe durchführen, jedoch tatsächlich mit einem größeren Risiko belastet ist, sollte vorgeschrieben werden, daß auf spekulative Geschäfte in den Prospekten, in der Werbung und durch den Anlageberater ausdrücklich hingewiesen wird, so daß der Anleger entscheiden kann, ob er ein größeres Risiko für eine erhöhte Gewinnchance tragen will oder nicht.

Statt den Vertrieb von Investmentfonds mit einer Kreditaufnahme von über 10 v.H. zu verbieten, dürften Eingriffszweck und Eingriffsmittel dann in einem besseren Verhältnis stehen, wenn man diese Fonds verpflichten würde, in ihren Angeboten und Werbeschriften folgenden Hinweis an einer auffallenden Stelle zu benutzen und durch besonderen Druck hervorzuheben[23]:

„Diese Investmentanteile sind spekulativ. Das Fondsvermögen wird bis zu 30 v.H. durch Kredite belastet; das bedeutet ein größeres Kursrisiko."

---

[22] Vgl. *Bremer:* Grundzüge des deutschen und ausländischen Börsenrechts, Berlin—Heidelberg—New York 1969, S. 117.
[23] Vgl. Pressespiegel, in: Investment Fonds Analyst, a.a.O.; *Spoerri:* Der Investment Trust nach schweizerischem Recht, Basel 1955; Auslandsfonds auf freier Werbebahn, in: Wirtschafts- und Investment Digest, Nr. 7, 1968, S. 109 f.; Vollziehungsverordnung zum (Schweizer) Bundesgesetz über die Anlagefonds Art. 6 Abs. 4, in: *Schuster,* Anlagefondsgesetz, Zürich 1967. (Nicht-

II. Folgen der Zulassungsbeschränkung

1. Ausschluß kontrollierter Fonds

Die mit der Erfüllung der Zulassungsvoraussetzungen des AuslInvestmG verbundenen rechtlichen und betriebswirtschaftlichen Schwierigkeiten dürften dazu führen, daß die Anteile vieler ausländischer Investmentgesellschaften, die in ihrem Sitzland einer strengen Investmentgesetzgebung unterliegen, nicht in der BRD vertrieben werden[24].

Auf der anderen Seite dürfte es denjenigen Investmentfonds, die in ihrem Sitzland einer weniger strengen oder überhaupt keiner Investmentgesetzgebung und -kontrolle unterliegen, leichter fallen, ihre Vertragsbedingungen so zu ändern, daß sie alle Zulassungsvoraussetzungen des AuslInvestmG erfüllen, da sie nicht durch gesetzliche Vorschriften ihres Sitzlandes gehindert sind, ihre Vertragsbedingungen dem deutschen Recht anzupassen[25].

Dies führt zu dem widersprüchlichen Ergebnis, daß durch das AuslInvestmG die in ihrem Heimatland streng kontrollierten Auslandsfonds teilweise ausgeschlossen werden und die in ihrem Heimatland keiner strengen Kontrolle unterliegenden Fonds weiterhin vertrieben werden können.

Die Aufstellung von zu engen Zulassungsvoraussetzungen für den Vertrieb ausländischer Investmentanteile in der BRD entspricht einem Versuch, für die ausländischen Investmentgesellschaften eine Schablone anzufertigen, der sich, soweit die rechtlichen Probleme betroffen sind, nur diejenigen Investmentgesellschaften leicht anpassen können, die nicht durch Investmentgesetze ihres Sitzlandes in ihrer Beweglichkeit gehindert sind.

2. Schutzwirkung

Auf der anderen Seite ist die Schutzwirkung der oben besprochenen Zulassungsvoraussetzungen fraglich.

Schweizer Investmentgesellschaften, die ihre Anteile in der Schweiz vertreiben und die nicht einer der schweizerischen ebenbürtigen Investmentaufsicht unterstehen, müssen diesen Umstand auf dem Zeichnungsschein bzw. Abrechnungsschein deutlich hervorheben); der kanadische Gesetzgeber hat sich bei der Regelung des Investmentgeschäfts zu einem großen Teil auf Publizitätsvorschriften beschränkt, vgl. Ontario Securities Regulation § 51—981, in: Ontario Securities Legislation, the Ontario Securities Act and Regulations, Montreal 1968.

[24] *Aronson*, a.a.O.; Verband der Investmentvertriebsfirmen, a.a.O., S. 2; Reform des Kapitalanlagegesetzes — Ein Rückschritt mit schweren Folgen?, a.a.O., S. 4 ff.; Schutz der deutschen Sparer oder Ausschluß der Konkurrenz, in: Investment Fonds Analyst, Nr. 7, 1968, S. 6.

[25] Verband der Investmentvertriebsfirmen, a.a.O.; Reform des Kapitalanlagegesetzes — Ein Rückschritt mit schweren Folgen, a.a.O.

B. Zulassungsvoraussetzungen im AuslInvestmG

a) Der Repräsentant

Als Repräsentant gem. § 2 Nr. 1 AuslInvestmG kann eine GmbH mit einem eingezahlten Kapital von DM 5 000,— (§ 5 Abs. 1 i. V. m. § 7 Abs. 2 GmbHG) bestellt werden. Unter solchen Umständen ist ein Schutz der Anleger doch nur dann gegeben, wenn die Bonität der von dem Repräsentanten vertretenen ausländischen Investmentgesellschaft gesichert ist — gerade dafür aber ist im AuslInvestmG keinerlei Vorsorge getroffen.

Dem kann auch nicht entgegengehalten werden, daß das nach § 8 Abs. 3 Nr. 5 AuslInvestmG bei Nichterfüllung eines rechtskräftig festgestellten Anspruchs obligatorische Vertriebsverbot seriöse ausländische Gesellschaften veranlassen dürfte, solche Ansprüche ihrer Anteilinhaber zu befriedigen, ohne daß Vollstreckungsmaßnahmen notwendig werden[26]. Denn Übervorteilungen der Anleger sind doch weniger bei den seriösen, auf ihr Ansehen bedachten Gesellschaften zu befürchten, als bei denen, die ein späteres Vertriebsverbot nicht hindert, da sie ihr „Ziel" i. d. R. bereits mit der ersten Emission erreichen. In allen diesen Fällen bleibt der Anleger sowohl mit seinen Ansprüchen gegen die Verwaltungs- und Vertriebsgesellschaft, für die der Repräsentant gem. § 6 Abs. 1 AuslInvestmG nur Zustellungsbevollmächtigter ist, als auch mit seinen Ansprüchen gegen die Investmentgesellschaft, die möglicherweise durch eine GmbH mit einem eingezahlten Kapital von DM 5 000,— als Repräsentanten vertreten wird, auf eine Vollstreckung im Ausland angewiesen.

Durch die formellen Zulassungsvoraussetzungen des AuslInvestmG aber werden die Fonds von einem Vertrieb ihrer Anteile in der BRD abgehalten, die sich einer Bonitätsprüfung in ihrem Heimatland unterziehen müssen, während die Fonds, deren Bonität niemand geprüft hat, nur diese formellen Zulassungsvoraussetzungen zu erfüllen brauchen, damit sie ihre Anteile im Inland vertreiben dürfen.

b) Die Vorwegbelastung der Vertriebsgebühren bei Sparplänen

Die Regelung der Vorwegbelastung von Vertriebsgebühren bei Sparplänen gem. § 2 Nr. 4c AuslInvestmG bietet, wie bereits erläutert,

---

[26] Schriftlicher Bericht des Ausschusses für Wirtschaft und Mittelstandsfragen (15. Ausschuß) über den von der Bundesregierung eingebrachten Entwurf eines Gesetzes über den Vertrieb ausländischer Investmentanteile, über die Besteuerung ihrer Erträge sowie zur Änderung und Ergänzung des Gesetzes über Kapitalanlagegesellschaften — Drucksache V/3494 — über den von den Fraktionen CDU/CSU, SPD eingebrachten Entwurf eines Gesetzes zur Änderung und Ergänzung des Gesetzes über Kapitalanlagegesellschaften — Drucksache V/3840 —, Deutscher Bundestag, zu Drucksache V/4414 vom 24. Juni 1969, S. 3.

ebenfalls keinen wesentlichen Schutz, da sie nur die zeitliche Verteilung der Kostenerhebung betrifft, die Höhe der insgesamt erhobenen Kosten aber unberührt läßt.

c) Die Vorschriften über Kreditaufnahme und Leerverkäufe

Den Vorschriften über Kreditaufnahme und Leerverkäufe ist eine Schutzwirkung nicht abzusprechen. Aber angesichts den sich aus diesen Vorschriften für viele kontrollierte Auslandsfonds ergebenden Schwierigkeiten erscheint eine großzügigere Behandlung angebracht, die weder den deutschen Anleger bevormundet, noch einen großen Teil der kontrollierten Auslandsfonds vom deutschen Markt fernhält.

Auf Grund der vorangegangenen Erörterungen, insbesondere unter Beachtung der Folgen für den Vertrieb von ausländischen Investmentfonds, die bereits in ihrem Sitzland einer der deutschen ebenbürtigen Investmentaufsicht unterstehen, sollten die Zulassungsvoraussetzungen in der vorgeschlagenen Weise abgeändert werden. Dann ist der durch die Zulassungsvoraussetzungen gesteckte Rahmen weit genug, so daß auch die kontrollierten ausländischen Fonds in der BRD vertrieben werden.

Auf die Zulassungsvoraussetzungen ganz zu verzichten, ist m. E. nicht zweckmäßig, da im Hinblick auf die nicht-kontrollierten Auslandsfonds Begrenzungen erforderlich sind, denn diese könnten z. B. das Sondervermögen auch zu 100 v.H. durch Kreditaufnahme belasten, was kontrollierten Auslandsfonds durch die Gesetze ihres Heimatlandes verboten ist. Entscheidend ist nur, daß die Zulassungsvoraussetzungen so weit gefaßt sind, daß die Verhältnisse der kontrollierten Auslandsfonds berücksichtigt werden, denn es ist m. E. besser, „großzügige" Zulassungsvoraussetzungen aufzustellen, als zu enge, mit der Folge, daß die Mehrzahl der kontrollierten Auslandsfonds dem deutschen Markt fernbleibt, während die Auslandsfonds, die in ihrem Sitzland keiner Kontrolle unterliegen und deren Bonität unbekannt ist, sich den formellen Zulassungsvoraussetzungen anpassen, ohne daß durch die Zulassungsvoraussetzungen allein ein ausreichender Schutz für den Anleger erreicht werden kann.

Da die Zulassungsvoraussetzungen allein keinen ausreichenden Schutz für den Anleger geben können, ist zu wünschen, daß die ausländischen Fonds, die in ihrem Sitzland keiner der deutschen ebenbürtigen Investmentkontrolle unterstehen, nicht nur die gesetzlichen Vertriebsvoraussetzungen erfüllen müssen, sondern darüber hinaus einem Zulassungsverfahren unterworfen werden, in dem eine Bonitätsprüfung dieser Investmentgesellschaften erfolgt, die sich auf

B. Zulassungsvoraussetzungen im AuslInvestmG

die fachliche Eignung und persönliche Zuverlässigkeit der leitenden Personen sowie den Nachweis eines ausreichenden Haftungskapitals dieser Investmentgesellschaften erstreckt[27].

Glaubt man hingegen, eine solche Bonitätsprüfung im Ausland nicht durchführen zu können[28], so sollte man die nicht-kontrollierten ausländischen Investmentgesellschaften zur Unterscheidung von den kontrollierten Fonds wenigstens verpflichten, in den Prospekten, in der Werbung und durch den Anlageberater auf das Fehlen einer der deutschen ebenbürtigen Aufsicht hinzuweisen. Der Hinweis müßte in einer die Aufmerksamkeit auf sich ziehenden Weise erfolgen, da er sonst ohne Wirkung sein dürfte[29]. Den zuletztgenannten Weg hat der Schweizer Gesetzgeber für in der Schweiz vertriebene unkontrollierte Auslandsfonds gewählt[30].

---

[27] Alle im Bereich der Investmentfonds aufgetretenen Konkurse ereigneten sich bei solchen Fonds, die in ihrem Sitzland keiner Investmentkontrolle unterlagen: So Arbitrex, Swisstrust und HISA, die noch vor Inkrafttreten des Schweizer Anlagenfondsgesetzes in Liquidation treten mußten, vgl. hierzu: An die falsche Adresse, in: Finanz und Wirtschaft vom 22. 1. 1969, S. 1; Strafanzeige im Fall Hisa, in: Frankfurter Allgemeine Zeitung vom 7. 12. 1968, S. 21. Weiter gehören hierher die Ferienhaus Zertifikate Vakanza, Reda, Suninvest, Interfer, die Moos-Gruppe, Eurotel und Real Boden, die ebenfalls keiner speziellen Investmentkontrolle unterstanden. Der jüngste Zusammenbruch ist der des Trendex-„Fonds", Nassau/Bahamas, der ebenfalls keiner Investmentkontrolle unterstanden hat; vgl. Enttäuschte Trendex-Aktionäre, in: Finanz und Wirtschaft vom 14. 5. 1969, S. 6.

[28] Vgl. amtliche Begründung zum Entw.AuslInvestmG, a.a.O., S.15; ebenso Schriftlicher Bericht des Finanzausschusses über den von den Fraktionen der CDU/CSU, SPD, FDP, DP eingebrachten Entwurf eines Gesetzes zur Änderung des Gesetzes über Kapitalanlagegesellschaften, Bundestagsdrucksache 1909/3 vom 9. Juni 1960.

[29] Die von amtlicher Seite erfolgte Ablehnung einer Bonitätsprüfung ausländischer nicht-kontrollierter Investmentgesellschaften mit der Begründung, daß eine solche Bonitätsprüfung für eine deutsche Aufsichtsbehörde unmöglich ist, übersieht m. E., daß die nicht-kontrollierten ausländischen Investmentfonds, die eine Zulassungsbewilligung bedürfen, um ihre Anteile in der BRD zu vertreiben, alles tun werden, um die für eine Bonitätsprüfung erforderlichen Unterlagen beizubringen — in den Fällen, in denen die ausländischen Investmentgesellschaften Töchter von Banken oder Fonds sind, die in ihrem Sitzland einer entsprechenden Aufsicht unterstehen, dürfte eine Bonitätsprüfung außerdem einfach sein. Letzteres ist oft der Fall bei Fonds mit Sitz in Steueroasen, wie z. B. auf den Bahamas, in den Niederländischen Antillen, in Luxembourg u. a.

[30] Art. 6 Abs. 4 der Vollziehungsverordnung zum (Schweizer) Bundesgesetz über die Anlagefonds.

C. Die Erstreckung der Investmentgesetzgebung auf die Berufsausübung und Berufswahl der Anlageberater

Eine Lücke des AuslInvestmG ist, daß dieses Gesetz sich nicht ausreichend mit der Berufsausübung und Berufswahl des Anlageberaters befaßt, der die ausländischen Investmentanteile in der BRD vertreibt; ihm wird lediglich der Vertrieb bestimmter ausländischer Investmentanteile untersagt.

In § 2 Nr. 3 AuslInvestmG ist vorgesehen, daß ein inländisches Kreditinstitut benannt wird, über das die Zahlungen der Anleger geleitet werden können. In der Praxis jedoch zahlen die Anleger auf das Konto des Anlageberaters oder der Anlageberatungsgesellschaft, die dann mitunter bis zu sechs Wochen[31] die Verfügung über die Zahlungen der Anleger haben.

Der selbständige Anlageberater und der Geschäftsleiter einer Anlageberatungsgesellschaft brauchen jedoch ihre persönliche Qualifikation nicht nachzuweisen. Anlageberater, die schon wegen Betrugs vorbestraft sind oder einen Offenbarungseid geleistet haben, sind m. E. nicht befähigt, anderen bei der Anlage ihres Vermögens behilflich zu sein[32].

Genauso wie die persönliche Qualifikation dürfte auch der Nachweis der fachlichen Kenntnisse, ähnlich wie sie bei Banken[33] und Investmentgesellschaften[34] gefordert werden, auch für selbständige Anlageberater und die Geschäftsleiter von Anlageberatungsgesellschaften unerläßlich sein[35].

Dieses Ziel könnte durch eine Erstreckung des Anwendungsbereichs der §§ 32, 33 KWG auf den Vertrieb von Wertpapieren erreicht werden.

Anlageberater, die aus Unwissenheit oder aus einer kurzsichtigen Gewinnsucht zu Anlagen raten, die dem Interesse des Kunden widersprechen, gefährden das Vertrauen in den Investmentgedanken und damit die durch das KAGG angestrebten Ziele.

Außer durch Zulassungsvoraussetzungen hinsichtlich der persönlichen und fachlichen Qualifikation für Inhaber oder Geschäftsleiter

---

[31] Die Abwicklung der Käufe dauert mitunter 6 Wochen und länger.

[32] Vgl. Im Investment-Dschungel, in: Wirtschafts- und Investment Digest, Nr. 11, 1968, S. 74; auch Reform des Kapitalanlagegesetzes — Ein Rückschritt mit schweren Folgen?, a.a.O., S. 16.

[33] § 33 Abs. 1 Nr. 2 u. 3 KWG.

[34] § 2 Abs. 1 KAGG i. V. m. § 33 Abs. 1 Nr. 2 u. 3 KWG.

[35] In USA nimmt National Association of Security Dealers aus diesem Grunde das sog. NASD Examen ab; vgl. Examen NASD-Examen NYSE-Examen C B T, in: Finanz und Wirtschaft vom 21. 12. 1968, S. 12.

C. Regelung der Berufsausübung und Berufswahl der Anlageberater

von Anlageberatungsgesellschaften könnte ein wirksamer Schutz für die Anleger ausländischer Investmentgesellschaften dadurch erreicht werden, daß selbständige Anlageberater dem Anleger für alle Verstöße haften, die im Zusammenhang mit dem Vertrieb der ausländischen Investmentanteile entstehen, d. h. insbesondere, wie oben besprochen, eine selbstschuldnerische Bürgschaft für alle Verpflichtungen der ausländischen Investmentgesellschaft aus dem Investmentvertrag übernehmen müssen.

Drittes Kapitel

Gesetzliche Regelung der Immobilienfonds

Im Jahre 1959 hat die Internationales Immobilien-Institut AG, eine Gemeinschaftsgründung der Bayerischen Hypotheken- und Wechsel-Bank in München und der Bayerischen Vereinsbank in München, den ersten deutschen Immobilienfonds, den iii-Fonds Nr. 1, aufgelegt[1].

In den folgenden Jahren nahm die Zahl der Immobilienfondsgesellschaften in der BRD schnell zu. Hoppenstedt[2] nennt im Jahre 1967 zehn Immobilienfondsgesellschaften, die insgesamt 63[3] Fonds verwalteten; demgegenüber gab es im Jahre 1967 in der BRD neun[4] KAG, die insgesamt 26[4] Wertpapierfonds verwalteten.

Das KAGG in der Fassung vom 16. April 1957 erstreckte sich jedoch nur auf diejenigen Investmentgesellschaften, die die ihnen anvertrauten Kapitalien in Wertpapieren anlegten. Immobilienfondsgesellschaften waren in die Investmentgesetzgebung nicht einbezogen worden. Das lag vermutlich daran, daß es zur Zeit der Abfassung des KAGG, im Jahre 1957, in der BRD noch keine Immobilienfonds gab.

Das bedeutet im wesentlichen, daß

1. für den Sparer keine besonderen Schutzvorschriften bestanden und
2. für Anleger in Immobilienfonds die steuerlichen Vergünstigungen für Wertpapierfonds nicht galten. Das Sondervermögen der Wertpapierfonds ist gem. § 35 KAGG von der Körperschaftsteuer, Vermögensteuer und Gewerbesteuer befreit. Die noch zu erläuternde „Fonds-AG" der offenen Immobilienfonds alten Typs ist für diese Steuern steuerpflichtig. Das gleiche gilt bzgl. der Vermögensteuer und Gewerbesteuer auch bei den als GmbH & Co. KG aufgebauten

---

[1] Dr. Gablers Wirtschafts-Lexikon, 1. Bd., 6. Aufl., Wiesbaden 1965, Stichwort: Immobilienfonds.

[2] Vademecum der Investmentfonds, 8. Aufl., Darmstadt, Berlin, Haarlem, Wien 1968, S. 477—523.

[3] Die Zahl der Immobilienfonds ist so groß, da sieben der zehn Immobilienfondsgesellschaften jeweils mehrere geschlossene Fonds auflegten (vgl. hierzu die späteren Ausführungen).

[4] Statistische Beihefte zu den Monatsberichten der deutschen Bundesbank, a.a.O., S. 18.

geschlossenen Immobilienfonds. Bei letzeren kommt noch die Kapitalverkehrsteuer für den Ersterwerb der Anteile gem. § 2 Nr. 1 i. V. m. § 6 Abs. 1 Nr. 4 Kapitalverkehrsteuergesetz hinzu[5].

Durch eine Novelle ist das KAGG so geändert und ergänzt worden, daß es sich jetzt auch auf Immobilienfonds erstreckt[6]. Es sind jedoch nur die offenen Immobilienfonds erfaßt worden; für die geschlossenen ist bisher keine gesetzliche Regelung vorgesehen.

Im folgenden werden der Geschäftsbereich der Immobilienfonds und die verschiedenen Arten der Immobilienfonds dargestellt; an Hand dessen wird dann geprüft, ob und auf welche Arten der Immobilienfonds sich ein Investmentgesetz erstrecken sollte.

A. Geschäftsbereich der Immobilienfonds

Immobiliengesellschaften sind Unternehmen, deren Geschäftsbereich darauf gerichtet ist, die ihnen anvertrauten Kapitalien in bebauten und/oder unbebauten Grundstücken sowie in grundstücksgleichen Rechten anzulegen und diese für Rechnung ihrer Anteilinhaber zu vermieten und zu verwalten[7].

Das Fondskapital beschaffen sich die Immobilienfondsgesellschaften über eine ausgedehnte eigene Werbetätigkeit sowie über Banken und Anlageberatungsgesellschaften, die mit dem Vertrieb der Anteile beauftragt sind. Sie wenden sich dabei an breite Anlegerkreise, insbesondere auch an die Sparer, deren Vermögen für eigenen Haus- und Grunderwerb zu klein ist[8]. Die geeignete Auswahl von bebauungsfähigen Grundstücken, die Planung und die Beschaffung der Hypothekendarlehen für die anteilige Fremdfinanzierung der Bauvorhaben und deren zweckgerechte Verwendung sowie die Verwaltung des zum Fondsvermögen gehörenden Grundbesitzes erfordert von der Fondsleitung ein

---

[5] Die Verfassungsmäßigkeit des § 6 Abs. 1 Nr. 4 Kapitalverkehrsteuergesetz war lange streitig, vgl. Bundessteuerblatt III, 1964, S. 19 und Bundessteuerblatt II, 1968, S. 762.

[6] Gesetz zur Änderung und Ergänzung des Gesetzes über Kapitalanlagegesellschaften vom 28. Juli 1969 (BGBl. I, S. 992).

[7] Vgl. DII-Fonds: Allgemeine Vertragsbedingungen der Deutschen Immobilien Investierungs-AG, Berlin—München, § 4; HB-Fonds: Allgemeine Vertragsbedingungen für die Haus- und Boden-Fonds der Bremer Treuhand, §§ 3 u. 6; CO-OP-Fonds: Zeichnungsschein und Verwaltungsordnung für den CO-OP Immobilienfonds der CO-OP Immobilien-Fonds-Verwaltungs AG, Hamburg, § 2; iii-Fonds Nr. 2: Verwaltungsordnung der Internationalen Immobilien-Institut AG, München, § 10.

[8] Vgl. hierzu die Werbeprospekte der CO-OP Fonds, der DeGeWo-Fonds, der DII-Fonds, der Despa und der iii-Fonds.

hohes Maß an Fachkenntnis und einen erheblichen Aufwand an Verwaltungsarbeit[9].

Die Zusammenfassung der Gelder vieler Sparer und die fachmännische Anlage und Verwaltung dieser Gelder in Immobilien stellt den Kern des Geschäftsbereiches der Immobilienfondsgesellschaften dar.

Grundsätzlich kann man zwei Konstruktionsformen der Immobilienfonds unterscheiden:

1. offene Fonds,
2. geschlossene Fonds[10].

Während der Anleger bei offenen Immobilienfonds durch seine Einlage an mehreren Immobilien beteiligt ist, ist er bei einem geschlossenen Immobilienfonds i. d. R. nur an einem oder zwei Grundstücken beteiligt.

Geschlossene Immobilienfonds werden jeweils für ein bestimmtes Bauprojekt aufgelegt. Da das Projekt einen festen Kaufpreis oder eine feste Bausumme hat, werden Anteilscheine nur solange verkauft, bis das erforderliche Kapital plaziert ist. Dann wird der Fonds geschlossen. Anteilscheine können danach nur noch von anderen Anteilinhabern erworben werden.

Bei den offenen Immobilienfonds erwirbt die Verwaltungsgesellschaft Grundstücke und Gebäude je nach der Höhe des Fondsvermögens. Da die Anteilscheine bei den offenen Immobilienfonds jederzeit gekauft und verkauft werden können, muß die Verwaltung entsprechend der wechselnden Höhe des Fondskapitals neue Objekte erwerben oder alte verkaufen[11].

B. Rechtlicher Aufbau der Immobilienfonds

I. Offene Immobilienfonds

Offene Immobilienfonds können, wie die Sondervermögen der KAG, in der Rechtsform des Miteigentums[12] oder der Treuhand geführt werden.

---

[9] Vgl. *Kruhme:* Die Immobilienfondsgesellschaften, ihre rechtliche Einordnung und das Erfordernis einer gesetzlichen Sonderregelung, Diss., Hamburg 1966, S. 79—83.

[10] Vgl. Vademecum der Investmentfonds, a.a.O., S. 477—523; *Brüggemann,* a.a.O., S. 103.

[11] Vgl. *Martini:* Rechtliche Probleme eines Immobilienzertifikates, Stuttgart 1967; S. 22 f.; *Brüggemann,* a.a.O., S. 103 f.

[12] Gem. § 27 KAGG können offene Immobilienfonds in der Zukunft nur noch nach der Treuhandlösung geführt werden. Die bisher in der Rechtsform des Miteigentums geführten offenen Immobilienfonds müssen ihre Rechtsverhältnisse bis zum 31. 12. 1970 den §§ 1 bis 6 und 23 bis 34 KAGG

1. Die Miteigentumslösung

Alle offenen Immobilienfonds in der BRD haben bisher die Miteigentumslösung gewählt[13]. Hier werden die Grundstücke nicht von der Immobilienfondsgesellschaft erworben, sondern als Eigentumsträger fungiert eine von der Immobilienfondsgesellschaft gegründete sog. „Fonds-AG". Deren Aktien werden mit den Mitteln, die sich aus dem Verkauf der Anteilscheine ergeben, für den Immobilienfonds erworben[14].

Der Bilanzgewinn der Fonds-AG unterliegt der Körperschaftsteuer gem. § 1 Abs. 1 Ziff. 1 KStG. Dies bedeutet eine Doppelbesteuerung für die Anteilinhaber, da diese die Ausschüttungen der Immobilien-AG erneut als „Einkünfte aus Kapitalvermögen" gem. § 2 Abs. 3 Ziff. 5 i. V. m. § 43 Abs. 1 Ziff. 1 EStG oder als „Gewinn aus Gewerbebetrieb" nach § 2 Abs. 2 Ziff. 2 i. V. m. §§ 4, 5 EStG zu versteuern haben.

Aus diesen Gründen wird nur ein kleiner Teil des Fondsvermögens zur Übernahme der Aktien der Fonds-AG verwendet. Der größte Teil des Fondsvermögens wird der Fonds-AG in Form von Darlehen zur Verfügung gestellt, so daß das Fondsvermögen neben Aktien grundpfandrechtlich gesicherte Forderungen enthält[15].

Eigentümer bzw. Gläubiger der im Fonds befindlichen Aktien und Forderungen sind die Zertifikatsinhaber. Die Rechtsbeziehungen der Anteilinhaber untereinander könnten die einer Gemeinschaft nach §§ 741 ff. BGB oder einer bürgerlichrechtlichen Gesellschaft nach §§ 705 ff. BGB sein, bei der an Stelle des Gesamthandvermögens eine Bruchteilsberechtigung vereinbart ist[16].

Die Anleger wollen aber überhaupt nicht einer Gesellschaft mit den dazugehörigen Rechten und Pflichten beitreten, sondern wollen nur eine bloße Mitberechtigung am Fondsvermögen erlangen. Es besteht deshalb Einigkeit darüber, daß auf die Rechtsbeziehungen der Zertifikatsinhaber bezüglich der Mitberechtigung am Fondsvermögen die §§ 741 ff. BGB Anwendung finden[17]. Dies entspricht den Verhältnissen bei den Wertpapierfonds.

---

anpassen, danach ist die Miteigentumslösung nicht mehr zulässig (vgl. Art. 2 § 1 Abs. 2 des Gesetzes zur Änderung und Ergänzung des KAGG vom 28. Juli 1969, a.a.O.).

[13] So die iii-Fonds Nr. 1 u. Nr. 2 und der CO-OP Immobilienfonds. Vgl. hierzu *Kruhme*, a.a.O., S. 11 u. 15—49; *Martini*, a.a.O., S. 20—28. Ebenso der Despa-Immobilienfonds, vgl. Vademecum der Investmentfonds, a.a.O., S. 487.

[14] Vgl. *Martini*, a.a.O., S. 20; *Kruhme*, a.a.O., S. 33.

[15] Vgl. *Martini*, a.a.O., S. 21.

[16] Das ist möglich: *Soergel-Siebert*, Bürgerliches Gesetzbuch, 2. Bd., 9. Aufl., Stuttgart 1962, Anm. 25 vor § 705 (Schultze - v. Lasaulx).

[17] Vgl. *Barocka*, a.a.O., S. 59; *Geßler*, a.a.O., S. 24; *Knoblich: Die Rechts-*

Die Verwaltung des Fondsvermögens liegt in den Händen der Immobilienfondsgesellschaft, die bei den bestehenden offenen Immobilienfonds in der Rechtsform einer AG[18] oder einer GmbH[19] geführt wird. Die Immobilienfondsgesellschaft entspricht der KAG bei den Wertpapierfonds.

Die Verwahrung des Fondsvermögens obliegt einer Treuhandbank; dieser sind auch §§ 11, 13 KAGG entsprechende Kontrollbefugnisse übertragen[20].

2. Die Treuhandlösung

Bei der Treuhandlösung wird das Fondsvermögen einem Treuhänder, der Immobilienfondsgesellschaft, zu Eigentum übertragen. Die Immobilienfondsgesellschaft verwaltet das Treugut (Sondervermögen) als Treuhänder in eigenem Namen nach den Weisungen des Treugebers, d. h. gem. den Vertragsbedingungen, die zwischen den Anteilinhabern und der Immobilienfondsgesellschaft gelten. Die Immobilienfondsgesellschaft ist Rechtsinhaber aller Vermögenswerte des Fonds; gegenüber ihren Anteilinhabern ist sie schuldrechtlich zur Einhaltung der Vertragsbedingungen verpflichtet[21].

Die Frage, ob der Anteilinhaber wegen des Unmittelbarkeitsprinzips für den Fall einer Vollstreckung in das Vermögen der Immobilienfondsgesellschaft ausreichend geschützt ist, braucht auch im Falle der Immobilienfonds nicht näher erörtert zu werden.

Der Anteilinhaber ist nach § 23 KAGG i. V. m. §§ 9 Abs. 2, 10 Abs. 1, Abs. 8 Ziff. 2, 12 Abs. 3 S. 2 KAGG in jedem Fall gesichert[22]. Die ohne diese Vorschriften nicht eindeutig gesicherte rechtliche Stellung der Anteilinhaber bei der Treuhandlösung[23] ist der Grund dafür, daß bisher alle bestehenden offenen Immobilienfonds die Miteigentumslösung gewählt haben.

---

verhältnisse bei den Investmentgesellschaften, insbesondere die rechtliche Stellung der Inhaber von Anteilscheinen, Diss. Erlangen 1953, S. 134 f.; *Kruhme*, a.a.O., S. 20; *Martini*, a.a.O., S. 26; *Meyer-Cording*, a.a.O., S. 78; *Senn*, a.a.O., S. 251; *Spoerri*, a.a.O., S. 159 ff.

[18] CO-OP Immobilien-Fonds-Verwaltungs AG und Internationales Immobilien-Institut AG (iii-Fonds).

[19] Deutsche Sparkassen-Immobilien-Anlage-Gesellschaft mbH (Despa-Immobilienfonds).

[20] Vgl. *Kruhme*, a.a.O., S. 86 ff.; *Martini*, a.a.O., S. 24 f.

[21] Vgl. *Kruhme*, a.a.O, S. 49.

[22] Vgl. hierzu die Ausführungen bei der Besprechung des rechtlichen Aufbaus der KAG.

[23] Ebenda.

B. Rechtlicher Aufbau der Immobilienfonds

Aus dem gleichen Grunde bedienten sich bis zum Inkrafttreten des KAGG alle Wertpapierfonds der Miteigentumslösung[24]. Erst durch das KAGG wurde das Sondervermögen gem. § 9 Abs. 2, § 10 Abs. 1, § 11 Abs. 8 und § 12 Abs. 3 KAGG gegen Einbeziehung zur Konkursmasse der KAG geschützt.

Folgerichtig sind diese Schutzvorschriften auf die Sondervermögen der Immobilienfondsgesellschaften erstreckt worden.

Im Gegensatz zu den Wertpapierfonds, die gem. § 6 Abs. 1 Satz 2 KAGG sowohl nach der Miteigentumslösung als auch nach der Treuhandlösung konstruiert werden können, ist für offene Immobilienfonds gem. § 27 KAGG nur die Treuhandlösung zugelassen. Die Treuhandlösung vereinfacht die Rechtskonstruktion, da bei ihr die oben besprochene Fonds-AG entfällt[25].

II. Geschlossene Immobilienfonds

Die in der BRD bestehenden geschlossenen Immobilienfonds werden entweder als eine Gemeinschaft nach Bruchteilen[26] gem. §§ 741 ff. BGB (Treuhandlösung) oder als Kommanditgesellschaft[27] geführt. Andere Rechtsformen sind denkbar, aber nicht üblich.

1. Die Treuhandlösung

Bei geschlossenen Immobilienfonds, die in der Rechtsform der Treuhand geführt werden, erwirbt die Immobilienfondsgesellschaft die Grundstücke und führt die Bauprojekte in eigenem Namen für Rechnung der Anteilinhaber aus. Die Immobiliengesellschaft wird als Treuhandeigentümerin der zum Fonds gehörenden Immobilien in das Grundbuch eingetragen[28].

Die Anteilinhaber jedes Fonds bilden eine Gemeinschaft nach Bruchteilen gem. §§ 741 ff. BGB[29]. Diese Bruchteilsgemeinschaft besteht an

---

[24] Vgl. *Siara/Tormann*, a.a.O., S. 32.
[25] Vgl. *Kruhme*, a.a.O., S. 49—61.
[26] Bayerischer Immobilienfonds Nr. 1; die Fonds der Deutschen Gesellschaft zur Förderung des Wohnungsbaues, gemeinnützige AG (DeGeWo-Fonds); die Fonds der Deutschen Immobilien Investierungs-AG (DII-Fonds); die Haus- und Bodenfonds der Bremer Treuhandgesellschaft für Wohnungsbau GmbH Gemeinnütziges Wohnungsunternehmen (HB-Fonds).
[27] Die Fonds der Immobiliengesellschaft Dr. Görtmüller KG (Hausbesitzbriefe); die Fonds der Kommanditgesellschaft Rheinisch-Westfälische Immobilien-Anlagegesellschaft mbH & Co. (RWI-Fonds); die Allgemeine Sachwert-Leasing GmbH & Co. KG Anlagefonds Mannheim 1 für einen Verbrauchermarkt der europa-markt GmbH.
[28] Vgl. *Kruhme*, a.a.O., S. 62; *Martini*, a.a.O., S. 29; *Brüggemann*, a.a.O., S. 103.
[29] Vgl. *Kruhme*, a.a.O., S. 62; *Martini*, a.a.O., S. 29; vgl. auch Allgemeine

allen Ansprüchen gegen die Immobiliengesellschaft und die Treuhandbank — aber nicht an den Grundstücken; denn diese befinden sich, der Treuhandlösung entsprechend, im Treuhandeigentum der Immobiliengesellschaft.

Die bei der Treuhandlösung besprochenen konkursrechtlichen Schwierigkeiten[30] werden dadurch ausgeräumt, daß zugunsten der Anteilinhaber eine Auflassungsvormerkung gem. § 883 BGB in das Grundbuch eingetragen wird[31]. Diese Vormerkung sichert den Anspruch der Anteilinhaber auf Übertragung des bürgerlich-rechtlichen Eigentums an den zum Sondervermögen gehörenden Grundstücken, der bei Kündigung des zwischen den Anteilinhabern und der Immobiliengesellschaft begründeten Treuhandverhältnisses fällig wird.

Da gem. § 11 Ziff. 2 u. 3 StAnpG Gewinne und Verluste aus einem Treugut dem Treugeber zugerechnet werden, stehen den Anteilinhabern die auf die Gebäude entfallenden steuerrechtlichen Abschreibungsmöglichkeiten nach § 7 EStG oder § 14 BHG oder den diese ersetzenden Vorschriften zu.

Die Veräußerung der Anteile bereitet allerdings große Schwierigkeiten, denn:

1. Die Immobilienfondsgesellschaft nimmt selber keine Anteile zurück, da es sich um einen geschlossenen Fonds handelt.

2. Die Veräußerung der Anteile ist grunderwerbsteuerpflichtig; Bemessungsgrundlage der Steuer ist jedoch nicht nur der Wert der Beteiligung, sondern gem. § 11 Abs. 2 Nr. 2 GrEStG[32] der anteilige Grundstückswert einschließlich Fremdkapital. Der Steuersatz beträgt dann, bezogen auf den Wert des Anteils, nicht 7 v.H., sondern je nach Höhe des Fremdkapitals bis zu 35 v.H.

Eine Veräußerung der Anteile ist rechtlich ein Wechsel des Treugebers. Beim Wechsel des Treugebers bleiben die Eigentumsverhältnisse an den Grundstücken unberührt. Der Anteilinhaber (Treugeber) überträgt lediglich seine schuldrechtlichen Ansprüche gegen die Immobilien-

---

Vertragsbedingungen für die Haus- und Boden Fonds der Bremer Treuhand, § 2, Abs. 1; Allgemeine Vertragsbedingungen der DII, § 2, Abs. 1.

[30] Vgl. die Ausführungen über den rechtlichen Aufbau der KAG.

[31] Vgl. *Martini*, a.a.O., S. 30; Allgemeine Vertragsbedingungen der DII, § 14.

[32] Das Grunderwerbsteuergesetz ist durch Art. 105 Abs. 2 GG Landesrecht geworden. Die Länder haben zum Teil einzelne Änderungen am GrEStG von 1940 getroffen, zum Teil auch das ganze Gesetz in neuer Fassung bekanntgemacht. § 11 Abs. 2 Nr. 2 des GrEStG von 1940 ist in allen landesrechtlichen Fassungen des Grunderwerbsteuergesetzes enthalten.

fondsgesellschaft (Treuhänder). Über diese Anteile kann nach den Regeln für die Übertragung von Forderungsrechten gem. § 398 BGB verfügt werden[33]. Die Vormerkung richtet sich nach dem schuldrechtlichen Anspruch und geht nach § 401 BGB kraft Gesetzes mit über[34]. Sofern die Anteilscheine als Inhaber- oder Orderpapiere ausgestellt sind, erfolgt die Übertragung der durch sie verbrieften Rechte durch Übereignung bzw. Indossament und Übergabe des Anteilscheins[35].

2. Die KG-Lösung

Bei der KG-Lösung ist Eigentümer und Bauherr des Anlageobjektes eine Kommanditgesellschaft. Als Kommanditist tritt ein Treuhänder, z. B. eine Bank[36], in die Gesellschaft ein. Der Treuhänder erwirbt und hält die Kommanditbeteiligung im eigenen Namen für Rechnung der Anteilinhaber[37]. Der Treuhandkommanditist nimmt gegenüber der Kommanditgesellschaft und den Mitgesellschaften alle Rechte der eigentlichen Kapitalgeber wahr, er ist andererseits auch allein gegenüber der Gesellschaft und den Gesellschaftsgläubigern aus dem Kommanditverhältnis verpflichtet.

Der Treuhänder nimmt im Außenverhältnis allein die Kommanditistenstellung ein, für das Innenverhältnis kann bestimmt werden, daß es so gehalten werden soll, als ob die Geldgeber die Kommanditisten seien[38].

Da ein Kommanditistenwechsel in diesem Fall nur die Änderung einer Unterbeteiligung bedeutet, die im Handelsregister nicht eingetragen wird, ist ein Wechsel der Kommanditisten erheblich einfacher.

Als Kommanditgesellschaft ist die Immobilienfondsgesellschaft eine Personalgesellschaft; es braucht daher auf die Ausschüttungen an die Anteilinhaber keine Körperschaftsteuer gezahlt zu werden.

---

[33] Vgl. *Wendt*, a.a.O., S. 146; vgl. auch *Hein:* Grundriß des Treuhandrechts, Berlin 1929, S. 247.
[34] *Palandt*, a.a.O., § 883 Anm. 26.
[35] Vgl. hierzu die Ausführungen über die Veräußerung, Pfändung und Verpfändung der Anteilscheine von Investmentfonds im 1. Kapitel.
[36] Die Deutsche Pfandbriefanstalt, Wiesbaden, ist Treuhandkommanditist für die Anteilinhaber der Hausbesitzerbriefe; die Rheinische Girozentrale und Provinzialbank, Düsseldorf, und die Landesbank für Westfalen — Girozentrale —, Münster, sind Treuhandkommanditisten für die RWI-Fonds.
[37] Vgl. *Martini*, a.a.O., S. 33; *Kruhme*, a.a.O., S. 71; *Brüggemann*, a.a.O., S. 105.
[38] Eine Darstellung der Rechtsverhältnisse des Treuhänders als Kommanditist findet sich in *Schlegelberger-Geßler:* Kommentar zum HGB, 2. Bd., 3. Aufl., Berlin und Frankfurt/M 1955, § 161 Anm. 32; *Weipert* in RGR Komm. z. HGB, 2. Bd., 2. Aufl., Berlin 1950, § 164 Anm. 17.

Steuerrechtlich sind die Anteilinhaber gem. § 11 Nr. 2 u. 3 StAnpG als Kommanditisten anzusehen[39]. Deshalb können die steuerrechtlichen Vorteile, die aus den Abschreibungsmöglichkeiten resultieren, auch bei der KG-Lösung von den Anteilinhabern geltend gemacht werden.

Da bei der Veräußerung der Anteile keine Grundeigentumsrechte, sondern Gesellschaftsrechte übertragen werden, fällt bei der Veräußerung keine Grunderwerbsteuer an; dies erhöht die Fungibilität der Anteile.

C. Die Erstreckung des KWG auf Immobilienfonds

Offene Immobilienfonds, die nach der Miteigentumslösung konstruiert sind, legen die bei ihnen eingelegten Gelder in Wertpapieren an, nämlich in Aktien der Immobilien AG. Sie könnten damit den Vorschriften des KWG unterliegen. Nach § 1 Abs. 1 KWG sind Kreditinstitute Unternehmen, die Bankgeschäfte betreiben, wenn der Umfang dieser Geschäfte einen in kaufmännischer Weise eingerichteten Geschäftsbetrieb erfordert. Die zuletztgenannte Voraussetzung wird von den bestehenden offenen Immobilienfondsgesellschaften erfüllt. Bankgeschäfte betreiben die Immobilienfondsgesellschaften dann, wenn ihr Geschäftsbereich eine der in § 1 Abs. 1 Nr. 1—9 KWG aufgezählten Tätigkeiten umfaßt.

Bei den offenen Immobilienfonds nach der Miteigentumslösung gewährt die Immobilienfondsgesellschaft aus steuerlichen Gründen Darlehen an die Immobilien AG[40].

Dies könnte ein Bankgeschäft nach § 1 Abs. 1 Nr. 2 KWG sein. Da die Darlehen jedoch aus Mitteln der Anteilinhaber gegeben werden und diese wirtschaftlich Gläubiger der Forderungen sind, könnte es sich um eine bloße Kreditvermittlung handeln, die nicht von § 1 KWG erfaßt wird[41].

Rechtlich entstehen die grundpfandrechtlich gesicherten Forderungen jedoch nur für die Immobilienfondsgesellschaft, so daß diese Darlehen an die Immobilien AG i. S. von § 1 Abs. 1 Nr. 2 KWG gewährt und somit Bankgeschäfte betreibt.

Auch der Ankauf und Verkauf von Aktien der Immobilien AG durch die Immobilienfondsgesellschaft ist als ein Bankgeschäft i. S. des § 1

---

[39] Vgl. *Martini*, a.a.O., S. 34; *Kruhme*, a.a.O., S. 70.
[40] Vgl. die Ausführungen über offene Immobilienfonds nach der Miteigentumslösung.
[41] *Schork*: Gesetz über das Kreditwesen, Kommentar, Köln, Berlin, Bonn, München 1965, § 1 Anm. 4.

Abs. 1 Nr. 4 KWG anzusehen. Da allein die Anschaffung von Wertpapieren für das Bestehen eines Bankgeschäftes ausreicht[42] liegt auch dann ein Bankgeschäft vor, wenn die Immobilienfondsgesellschaft nicht an eine Veräußerung der Aktien der Immobilien AG denkt.

Die nach der Miteigentumslösung konstruierten offenen Immobilienfonds betreiben also Bankgeschäfte i. S. von § 1 Abs. 1 Nr. 2 und 4 KWG, unterliegen daher den Vorschriften des KWG und unterstanden damit auch schon bisher nach § 6 KWG der Aufsicht des Bundesaufsichtsamts für Kreditwesen.

D. Die Erstreckung des KAGG auf offene Immobilienfonds

I. Gründe für die Erstreckung des KAGG auf offene Immobilienfonds

Die Erstreckung des KWG auf offene Immobilienfonds der Miteigentumslösung bedeutet für die Immobilienfonds keine so weitgehende Überwachung, wie sie sich aus der Anwendung der entsprechenden Vorschriften des KAGG auf offene Immobilienfonds ergibt. Insbesondere läßt die Unterstellung unter das KWG keine Aufsicht über die Geschäftspolitik im einzelnen zu.

Es fragt sich, ob die Erstreckung des KAGG auf offene Immobilienfonds zweckmäßig ist[43].

Die Ausführungen über den Geschäftsbereich und den rechtlichen Aufbau der KAG und der offenen Immobilienfonds haben gezeigt, daß Wertpapierfonds und Immobilienfonds sich im wesentlichen gleichen:

1. KAG und Immobilienfondsgesellschaften wenden sich an einen breiten Anlegerkreis.
2. Der Geschäftsbereich beider Gesellschaften ist darauf gerichtet, die ihnen anvertrauten Kapitalien im eigenen Namen für Rechnung der Anleger fachmännisch anzulegen und zu verwalten.
3. Die Anlage der Gelder erfolgt nach dem Grundsatz der Risikomischung.
4. Die Immobilienfonds der Miteigentums- und der Treuhandlösung benutzen die gleichen Rechtsformen wie die Wertpapierfonds.

Sie unterscheiden sich im wesentlichen nur durch ihre verschiedenen Anlageobjekte.

---

[42] Vgl. *Pröhl:* Kreditwesengesetz, Kommentar, Peine 1962, S. 22.
[43] Die folgenden Ausführungen gelten sinngemäß für die bisher nicht durch ein Investmentgesetz erfaßten geschlossenen Immobilienfonds.

Mit dem Erlaß des KAGG verfolgte der Gesetzgeber vor allem drei Ziele[44]:

1. den Schutz der Investmentsparer,
2. die Förderung des Kapitalmarktes,
3. die Förderung der Eigentumsbildung.

In erster Linie ist der Zweck des KAGG darin zu sehen, den Investmentsparer vor Übervorteilung und den sich daraus ergebenden Verlusten zu schützen[45]. Die Beseitigung der Mißstände im amerikanischen Investmentgeschäft durch den Erlaß des „Investment Company Act"[46] hat deutlich gezeigt, wie sehr der Investmentsparer durch geeignete gesetzliche Regelungen vor Mißbräuchen geschützt werden kann[47]. Viele der Schutzbestimmungen des Investment Company Act wurden in das KAG übernommen[48].

Weiterhin dienen die Schutzvorschriften des KAGG dazu, für den Anleger von vornherein eine Vertrauensbasis zu schaffen[49]. Dies faßte der Präsident der amerikanischen Börsenaufsichtsbehörde, Cohen, treffend in folgende Worte:

"The confidence of investors, our experience makes clear, varies in direct proportion to the effective protection afforderd by reasonable, fair and vigorous legislation. ... there can be no sound equity market without investors confidence and there can be no confidence without meaningful regulation[50]."

Das zweite Ziel des KAGG ist die Förderung des Kapitalmarktes. Durch die Investmentgesellschaften soll dem Kapitalmarkt das stabilisierende Element eines breitgestreuten Publikumsbesitzes zugeführt werden[51]. Je größer die Zahl der Geldgeber am Kapitalmarkt ist, desto

---

[44] Vgl. *Neuburger:* Einleitung zum KAGG, in: *Siara/Tormann*, a.a.O., S. 5 ff.

[45] Vgl. *Neuburger:* Einleitung zum KAGG, in: *Siara/Tormann*, a.a.O., S. 9; vgl. auch Bundestags-Drucksache Nr. 4199/1 vom 15.4.1953, S. 12591; *vom Berge und Herrendorf*, a.a.O., S. 119 f.; *Beyer-Fehling:* Das Gesetz über Kapitalanlagegesellschaften, in: ZfgK Nr. 9, 1957, S. 8.

[46] Investment Company Act: US Code Title 15 §§ 80a 1—52.

[47] Vgl. *Gesell:* Protecting Your Dollars, Washington D.C. 1940, S. 119 ff.; vgl. auch *Baum*, a.a.O., S. 34.

[48] *Baum*, a.a.O., S. 34, 204.

[49] Vgl. auch *Baum*, a.a.O., S. 205; *Fischer*, a.a.O., S. 371.

[50] *Cohen:* Adress before the Federal Bar Association briefing conference on variable annuities, Shoreham Hotel, Washington, D. C., November 19, 1968, entnommen aus einem Sonderdruck der SEC mit o. a. Titel.

[51] *Neuburger*, a.a.O., S. 9; *Senn:* Die Westdeutschen Investmentgesellschaften als Mittel zur Förderung der Kapitalmarktpolitik, Diss., Stuttgart 1959, S. 98 ff.

D. Die Erstreckung des KAGG auf offene Immobilienfonds

ausgeglichener wird der Markt insgesamt[52]; verstärkt wird diese Stabilisierungsfunktion der Investmentgesellschaften noch dadurch, daß diese ihre Anlagen bewußt gegen den allgemeinen Markttrend vornehmen[53].

Als drittes hat das KAGG einen „gesellschaftspolitischen" Zweck. Durch den Investmentgedanken soll die Eigenvorsorge unterstützt und die Erreichung einer breiten Streuung eines möglichst krisenfesten und beständigen Eigentums an den industriellen Produktionsmitteln gefördert werden[54].

Es fragt sich, ob für die gesetzliche Regelung der offenen Immobilienfonds ähnliche Gründe sprechen.

Während es bei Erlaß des KAGG, im Jahre 1957, noch keine Immobilienfonds in der BRD gab, ist in den letzten Jahren ein wachsender Anteil des Sparaufkommens für Investmentfonds auf Immobilienfonds entfallen.

Die Erfahrungen des Auslandes, z. B. der Schweiz, zeigen, daß im Bereich der Immobilienfonds unsolide Geschäftspraktiken zu Lasten des Sparers nicht selten sind, jedenfalls solange nicht besondere Sparerschutzvorschriften bestehen.

Die Zweckentfremdung von Fondsmitteln, der Ankauf von Immobilien, die Gesellschaftern gehören, durch die Fondsgesellschaft zu absichtlich überhöhten Preisen, die Baudurchführung zu überhöhten Preisen durch ein Bauunternehmen, welches den Inhabern der Fondsgesellschaft gehört, die Vermietung der zum Fonds gehörenden Gebäude an wiederum den Gesellschaftern gehörende Unternehmen zu besonders preiswerten Mieten und ähnliche Manipulationen führen zu einer mitunter erheblichen Benachteiligung des Sparers, in manchen Fällen sogar zu einem weitgehenden Verlust seiner Einlage[55].

Aus der Sicht des Sparerschutzes, der wesentlichsten Aufgabe des KAGG, erscheint es sinnvoll, daß Immobilienfonds und Wertpapierfonds gleichermaßen gesetzlich geregelt sind.

Das kapitalmarktpolitische Ziel des Gesetzgebers kann natürlich durch Immobilienfonds nicht erreicht werden. An seine Stelle tritt jedoch das

---

[52] *Senn*, a.a.O., S. 100 f.
[53] Ebenda, S. 109 ff.; *Achterberg:* Effekten-Kapitalismus, in: ZfgK, Nr. 12, 1959, S. 511.
[54] *Neuburger*, a.a.O., S. 13; *Schrempf:* Sparen und Verdienen durch Investment, München 1957, S. 14; *Senn*, a.a.O., S. 113; *Fischer:* Die sozialen Ziele der Investmentidee, in: Österreichisches Bankarchiv, Nr. 11, 1959, S.371 ff.; *Hankel:* Das neue Auslands-Investmentgesetz, in: ZfgK, Nr. 15, 1968, S. 709.
[55] Vgl. Strafanzeige im Fall Hisa, in: Frankfurter Allgemeine Zeitung vom 7. 12. 68, S. 21; An die falsche Adresse, in: Finanz und Wirtschaft vom 22. 1. 1969, S. 1.

Ziel der Förderung des Wohnungsbaues, das ja auch in zahlreichen anderen Gesetzen niedergelegt ist.

Anläßlich der parlamentarischen Behandlung des schweizerischen Bundesgesetzes über die Anlagefonds im Frühjahr 1966 wurde auf folgendes hingewiesen: Es gelte, den Fonds die Erfüllung ihrer volkswirtschaftlichen Aufgaben zu ermöglichen und das in sie gesetzte Vertrauen zu erhalten; denn es sei eine bekannte Tatsache, daß durch die Wohnbau-Produktion der Immobilienfonds in den Zeiten des beängstigenden Wohnungsmangels erhebliche Erleichterungen geschaffen wurden[56].

Auch bezüglich der Eigentumsbildung dürfte es kein Unterschied sein, ob der Sparer Eigentum an Immobilien oder an Unternehmen gewinnt. Der Anteil an einem Immobilienfonds ermöglicht es, mit geringen Beiträgen wirtschaftlicher Eigentümer an Immobilien zu werden. Sozialpolitisch gesehen erfüllen Immobilienfonds also den gleichen Zweck wie Wertpapierfonds[57].

Da somit die rechtspolitischen Erwägungen, die dem KAGG hinsichtlich der Wertpapierfonds zugrundeliegen, im wesentlichen auch auf die Immobilienfonds zutreffen und da die offenen Immobilienfonds im Geschäftsbereich und im rechtlichen Aufbau mit den Wertpapierfonds übereinstimmen, war es möglich und angebracht, das KAGG auf offene Immobilienfonds zu erstrecken.

II. Die Anwendbarkeit der einzelnen Vorschriften des KAGG auf offene Immobilienfonds

Bei der Anwendung der einzelnen Vorschriften des KAGG auf offene Immobilienfonds ergeben sich Besonderheiten, die durch die Eigenart der rechtlichen Verhältnisse und des Geschäftsbetriebes der offenen Immobilienfonds bedingt sind.

§ 23 KAGG bestimmt, daß die Vorschriften über Wertpapier-Sondervermögen auch auf Grundstück-Sondervermögen sinngemäß anzuwenden sind, soweit sich nicht aus den Sondervorschriften der §§ 24—34 KAGG etwas anderes ergibt.

1. Verfassung der KAG

Die §§ 1—5 KAGG befassen sich mit der Zulassung von KAG sowie mit dem Innenverhältnis der KAG. Da hierdurch nicht das Sonder-

---

[56] *Meister:* Handbuch der schweizerischen Investment-Trusts, Zürich 1967, S. 19.
[57] Vgl. *Martini*, a.a.O., S. 5.

D. Die Erstreckung des KAGG auf offene Immobilienfonds

vermögen berührt wird, können diese Vorschriften auch auf solche KAG angewandt werden, die nicht ein Wertpapier-Sondervermögen, sondern ein Grundstück-Sondervermögen verwalten. Folgerichtig finden die §§ 1—5 KAGG unmittelbar auch auf solche KAG Anwendung, die ein Grundstück-Sondervermögen verwalten[58].

2. Regelung der Rechtsform

In § 6 Abs. 1 KAGG werden die Eigentumsverhältnisse am Sondervermögen geregelt. § 6 Abs. 2 stellt sicher, daß auch sämtliche Surrogate zum Sondervermögen gehören. § 6 Abs. 3 gestattet die Bildung mehrerer Sondervermögen durch dieselbe KAG. Alle drei Absätze des § 6, mit Ausnahme des § 6 Abs. 1 Satz 2, können auf ein Grundstück-Sondervermögen angewandt werden. Wie bei der Besprechung des rechtlichen Aufbaus der Immobilienfonds gezeigt, eignet sich die Treuhandlösung für Immobilienfonds am besten. Sie vereinfacht die Rechtskonstruktion, da die bei der Miteigentumslösung erforderliche Fonds-AG entfällt. Aus diesem Grunde ist, abweichend von § 6 Abs. 1 Satz 2 KAGG, für ein Grundstück-Sondervermögen gem. § 27 KAGG nur die Treuhandlösung zugelassen. Die Voraussetzungen hierfür sind gegeben:

1. Die Anteilinhaber sind gegen Zwangsvollstreckung in das Sondervermögen und gegen dessen Einbeziehung zur Konkursmasse geschützt, da gem. § 23 KAGG die § 9 Abs. 2, 4, § 10 Abs. 1, § 11 Abs. 8 und § 12 Abs. 3 KAGG für Grundstück-Sondervermögen sinngemäß gelten.

2. Immobilienfonds genießen gem. § 41 KAGG die gleichen steuerlichen Vergünstigungen wie Wertpapierfonds. Darüber hinaus sollte die Veräußerung der Anteile von der Grunderwerbsteuer befreit werden, damit die Fungibilität der Anteile gewährleistet ist.

Da für Immobilienfonds nur die Rechtsform der Treuhand Anwendung findet, ist die in § 8 Abs. 1 Satz 1 KAGG ausgesprochene Berechtigung der KAG, im eigenen Namen über die Gegenstände des Sondervermögens zu verfügen, hinsichtlich Immobilienfonds gegenstandslos. § 8 Abs. 1 Satz 2 KAGG, der die Ausübung des Stimmrechts aus den zu einem Sondervermögen gehörenden Aktien regelt, hat für Immobilienfonds nur insoweit Bedeutung, als nach § 32 KAGG auch Aktien zum Sondervermögen eines Immobilienfonds gehören.

---

[58] Vgl. Gesetz zur Änderung und Ergänzung des KAGG vom 28. Juli 1969, a.a.O., Art. 1.

3. Erwerbsbeschränkungen und Risikostreuung

Die in § 7 Abs. 1 u. 2 KAGG für Wertpapierfonds erlassenen Erwerbsbeschränkungen bedurften für Immobilienfonds einer anderen Fassung.

§ 24 Abs. 1 u. 2 KAGG zählt die für ein Grundstück-Sondervermögen zum Erwerb zugelassenen Vermögensgegenstände abschließend auf.

Nach § 24 Abs. 1 Nr. 1 dürfen für ein Grundstück-Sondervermögen in erster Linie fertig bebaute Mietwohngrundstücke, Geschäftsgrundstücke und gemischt genutzte Grundstücke erworben werden. Solche Grundstücke bilden i. d. R. nur ein geringes Risiko. Bei Grundstücken im Zustand der Bebauung und unbebauten Grundstücken, die für eine alsbaldige eigene Bebauung vorgesehen sind, besteht das Risiko einer Nichtfertigstellung der Bauprojekte. Deshalb dürfen diese nach § 24 Abs. 1 Nr. 2, 3 jeweils nicht mehr als 10 v.H. des Wertes des Sondervermögens ausmachen.

Andere Grundstücke im Inland, z. B. Hotels und Fabrikgrundstücke, dürfen ebenfalls nicht mehr als 10 v.H. des Wertes des Sondervermögens ausmachen, ausländische Grundstücke nicht mehr als 20 v.H. Hierdurch wird den größeren Risiken, die mit dem Erwerb derartiger Grundstücke verbunden sind, Rechnung getragen.

Durch § 24 Abs. 3 KAGG wird sichergestellt, daß für ein Sondervermögen keine Gegenstände zu überhöhten Preisen erworben werden. Diese Vorschrift ist besonders zu begrüßen, da gerade über erhöhte Baukosten und erhöhte Grundstückspreise die Fondsverwaltung leicht zu ihrem eigenen Vorteil und zum Nachteil der Anleger manipulieren kann.

Der An- und Verkauf von Gegenständen des Sondervermögens ist Mitgliedern der Organe einer KAG allerdings bereits gem. § 5 KAGG untersagt.

Eine dem § 7 Abs. 3—5 KAGG entsprechende Streuungsvorschrift, die den Verhältnissen bei Grundstück-Sondervermögen entspricht, enthält § 25 KAGG. Hiernach darf kein Grundstück mehr als 15 v.H. des Wertes des Sondervermögens ausmachen[59]. Dies ist gerechtfertigt, wenn man bedenkt, daß Grundstücke im Gegensatz zu Wertpapieren grundsätzlich ein geringeres Risiko bedeuten und daß zum Erwerb eines Grundstücks ein größeres Kapital erforderlich ist als zum Erwerb einer Aktie.

Dieser Tatsache trägt auch § 26 KAGG Rechnung, insoweit die Begrenzungen nach § 24 Abs. 1 Nr. 3 und § 25 KAGG erst vier Jahre nach Bildung des Sondervermögens erfüllt zu sein brauchen, d. h. nach

---

[59] Die entsprechende Begrenzung bei Wertpapierfonds ist 5 v.H.

einer Zeit, nach der dem Fonds i. d. R. ausreichende Mittel zugeflossen sind, so daß die Begrenzungen und Streuungsvorschriften für das Grundstück-Sondervermögen erfüllt werden können. Die möglicherweise mit besonderen Risiken belasteten Vermögensgegenstände des § 24 Abs. 2 dürfen allerdings erst erworben werden, wenn das Sondervermögen so groß ist, daß die dort aufgestellten Begrenzungen eingehalten werden können. Unverständlich ist, daß die Begrenzung nach § 24 Abs. 1 Nr. 2 nicht in § 26 aufgenommen wurde, da m. E. die Risikolage bei unbebauten Grundstücken und bei Grundstücken im Zustand der Bebauung sich nicht wesentlich unterscheidet.

Bei der Anwendung des § 7 Abs. 6 u. 7 KAGG auf Immobilienfonds ergeben sich keine Besonderheiten.

4. Belastung des Fondsvermögens

Eine abweichende Regelung war bei der Anwendung des § 8 Abs. 2 KAGG auf Immobilienfonds erforderlich. Gem. § 8 Abs. 2 KAGG ist mit Ausnahme des § 8 Abs. 3 eine Belastung von Wertpapier-Sondervermögen untersagt. Dieses Belastungsverbot will die mit einem größeren Risiko verbundenen Spekulationen an der Börse, die unter Inanspruchnahme von Kredit erfolgen, verhindern. Bei Grundstücken ist eine solche Gefahr nicht gegeben, da diese nicht zur Weiterveräußerung und zur Realisierung des Wertzuwachses erworben werden, sondern in erster Linie als Daueranlagen gedacht sind, aus denen ein laufender Ertrag gezogen werden soll. Außerdem ist es üblich, zur Erhöhung der Eigenkapitalrentabilität und zur Erhöhung der Abschreibungen, Bauprojekte mit einem Fremdkapitalanteil bis zu 75 v. H. zu finanzieren. Die in § 34 Abs. 3 KAGG vorgegebene Begrenzung der Belastung von Grundstück-Sondervermögen auf max. 50 v. H. des Verkehrswertes der im Sondervermögen befindlichen Grundstücke entspricht den Regeln einer vorsichtigen Finanzierung.

5. Rückgaberecht und Liquidität

§ 10 Abs. 1 KAGG, der das Sondervermögen gegen Aufhebung der am Sondervermögen bestehenden Gemeinschaft sichert, kann auf Immobilienfonds unmittelbar Anwendung finden.

Der als Ausgleich für den Ausschluß des Aufhebungsanspruchs durch Abs. 1 geschaffene Abs. 2 aber bedarf für offene Immobilienfonds einer neuen Fassung. Da jedenfalls derzeit für Grundstücke kein der Aktienbörse entsprechender Markt besteht, ist die Veräußerung der

Grundstücke schwierig und kann viel Zeit in Anspruch nehmen, wenn sie zu angemessenen Bedingungen erfolgen soll. Dieser Tatsache wird in § 33 KAGG dadurch Rechnung getragen, daß die KAG die Rücknahme von Anteilen verweigern kann, bis genügend Grundstücke zu angemessenen Bedingungen veräußert sind. Ist dies innerhalb von höchstens zwei Jahren nicht möglich, so darf das Sondervermögen beliehen werden, um den Rückgabebegehren der Anteilinhaber nachzukommen.

Normalerweise erreichen die Nettorückgaben, d. h. die um die Mittelzuflüsse verminderten Rückgaben, keinen so großen Umfang, daß der Verkauf von Grundstücken aus dem Sondervermögen erforderlich ist. Vielmehr genügt es, die KAG zu verpflichten, einen ausreichenden Teil des Sondervermögens als Liquiditätsreserve zu halten. Diese Liquiditätsreserve kann dann für die Zahlung des Rücknahmepreises dienen. Erst bei einem andauernden Überschuß der Rückgaben über den Neuabsatz ist ein Verkauf von Grundstücken erforderlich. Entsprechend werden die offenen Immobilienfonds nach § 32 KAGG zur Haltung einer Liquiditätsreserve von 5 v.H. des Wertes des Grundstück-Sondervermögens verpflichtet. Gem. § 33 Abs. 1 Satz 1 soll diese Liquiditätsreserve zur Zahlung des Rücknahmepreises für Anteilscheine des Sondervermögens dienen.

6. Aufgaben der Depotbank

Bei einem Immobilienfonds ist keine körperliche Übergabe der Werte des Sondervermögens an die Depotbank, wie dies für Wertpapierfonds gem. § 11 KAGG vorgeschrieben ist, möglich. Folglich wurde die Depotbank gem. § 28 KAGG mit der laufenden Überwachung des Bestandes an Grundstücken und der Verwahrung der zum Sondervermögen gehörenden Geldbeträge und Wertpapiere beauftragt.

Um dennoch die Rechte der Anteilinhaber wirksam zu schützen, darf nach Abs. 2—5 die KAG nur mit Zustimmung der Depotbank über zum Grundstück-Sondervermögen gehörende Gegenstände verfügen. Die Verfügungsbeschränkung ist gem. Abs. 4 in das Grundbuch einzutragen.

Die Wirkung der in § 11 Abs. 5 KAGG getroffenen Regelung, daß Wertpapiere höchstens zum Tageskurs erworben und mindestens zum Tageskurs veräußert werden müssen, wird bei Immobilienfonds durch die Verfügungsbeschränkung der KAG i. V. m. § 24 Abs. 3 und § 34 Abs. 1 KAGG erreicht; danach dürfen Grundstücke für ein Sondervermögen nur erworben bzw. veräußert werden, wenn der Preis den durch den Sachverständigenausschuß ermittelten Wert nicht oder nur unwesentlich übersteigt bzw. unterschreitet.

D. Die Erstreckung des KAGG auf offene Immobilienfonds 55

Die übrigen Vorschriften des § 11 KAGG können auf Immobilienfonds sinngemäß angewandt werden.

7. Aufgaben des Sachverständigenausschusses

Nach § 18 Abs. 2 Satz 3 KAGG ist der Wert eines Wertpapier-Sondervermögens aus den jeweiligen Kurswerten der zum Sondervermögen gehörenden Wertpapiere zu errechnen. Diese Vorschrift läßt sich auf Immobilienfonds nicht anwenden, da es für die zu einem Grundstück-Sondervermögen gehörenden Grundstücke keine dem Aktienkurswert ähnliche Wertfeststellung gibt.

Die Bewertung der Vermögensgegenstände eines Grundstück-Sondervermögens ist ein besonders schwieriges Problem, soweit die Grundstückswerte betroffen sind. Andererseits ist die Bewertung insbesondere bei offenen Immobilienfonds besonders wichtig. Denn je nachdem, ob ein zu hoher oder zu tiefer Wert für die Grundstücke des Sondervermögens angesetzt wird, werden bei einer Ausgabe neuer Anteile bzw. einer Rücknahme alter Anteile die bisherigen oder die neu hinzutretenden Anteilinhaber benachteiligt oder bevorzugt.

Schließlich ist als Ersatz für § 11 Abs. 5 KAGG eine Bewertung der Grundstücke sowohl beim Ankauf gem. § 24 Abs. 3 KAGG als auch bei einer Veräußerung gem. § 34 Abs. 1 KAGG erforderlich, um Fehleinschätzungen der Geschäftsleitung der Immobilienfondsgesellschaft entgegenzuwirken und um Manipulationen durch absichtlich überhöhte oder absichtlich zu niedrig angesetzte Preise für die Grundstücke zu verhindern.

Um diesen Zweck zu erreichen, ist in § 29 KAGG die Bildung eines unabhängigen, zuverlässigen und fachlich geeigneten Sachverständigenausschusses vorgeschrieben, dem die Bewertung der Grundstücke des Sondervermögens obliegt.

8. Rechenschaftslegung über das Sondervermögen

Die Regelung der Rechenschaftslegung der KAG nach § 20 KAGG ist auf Immobilienfonds sinngemäß anzuwenden. Die Wertansätze für die Gegenstände des Sondervermögens müssen unter Zugrundelegung der durch den Sachverständigenausschuß ermittelten Werte erfolgen. Die Vermögensaufstellung muß die Eigenschaften der zum Sondervermögen gehörenden Grundstücke enthalten. Eine entsprechende Regelung enthält § 31 KAGG.

9. Bildung von Rücklagen und Rückstellungen für das Sondervermögen

Bei Immobilienfonds gehört die Bildung von Rücklagen und Rückstellungen für die Gegenstände des Sondervermögens — im Gegensatz zu Wertpapierfonds und Beteiligungsfonds — zum Aufgabenbereich der Immobilienfondsgesellschaft; denn hier erfolgt nicht eine Beteiligung an anderen Unternehmen, die selber die Bildung von Rücklagen und Rückstellungen vornehmen, sondern die Erhaltung der zum Grundstück-Sondervermögen gehörenden Immobilien muß in der Bilanzfeststellung für das Grundstück-Sondervermögen beachtet werden.

Bei bebauten Grundstücken fallen im Laufe der Zeit Kosten für Instandsetzungen an; außerdem vermindert sich der Wert der Bauten durch Abnutzung. Aus diesem Grunde ist in § 30 Abs. 1 KAGG die Bildung einer Rücklage für Instandsetzungen vorgeschrieben und wird in § 30 Abs. 2 KAGG verlangt, daß die Vertragsbedingungen Angaben darüber enthalten, in welchem Umfang Erträge zum Ausgleich von Wertminderungen des Sondervermögens einbehalten werden, da eine Ausschüttung dieser „Erträge" eine Ausschüttung der Substanz ist. Über die Berechnung der Wertminderung sind im KAGG keine Angaben enthalten. Es dürfte von den Absetzungen für Abnutzungen, wie sie in § 7 Abs. 5 EStG vorgesehen sind, auszugehen sein. Sonderabschreibungen müssen in diesem Zusammenhang außer Ansatz bleiben, da sie nicht von der tatsächlichen Abnutzung ausgehen.

10. Die auf Immobilienfonds unmittelbar anwendbaren Regelungen des KAGG

Die in § 8 Abs. 3 und § 9 Abs. 1—3 KAGG für den Schutz der Anleger erlassenen Bestimmungen sind auf Immobilienfonds anzuwenden. Die §§ 8 Abs. 4 und 9 Abs. 4 sind auf Immobilienfonds nur insoweit anzuwenden, als bei diesen auch Wertpapiere zum Sondervermögen zählen.

Bei der Anwendung der in § 12 KAGG geregelten Kündigungsmöglichkeit der KAG mit der Folge des § 13 KAGG auf Immobilienfonds ergeben sich keine Besonderheiten, so daß diese Vorschriften ebenso auf Immobilienfonds anzuwenden sind.

Auch die in § 14 KAGG erfolgte Regelung der Vertragsbedingungen sowie die in § 15 KAGG erfolgten Bestimmungen über Veräußerungsgewinne sind auf Immobilienfonds anzuwenden.

Die §§ 17—19 KAGG, mit Ausnahme des zuvor besprochenen § 18 Abs. 2 Satz 3, beziehen sich nur auf die Anteilscheine am Sondervermögen, nicht auf die Gegenstände im Sondervermögen, so daß sich bei der Anwendung dieser Vorschriften auf das aus anderen Gegenständen zusammengesetzte Sondervermögen der Immobilienfonds keine Besonderheiten ergeben.

E. Die Erstreckung des KAGG auf geschlossene Immobilienfonds

Das KAGG regelt nur die offenen Immobilienfonds[60]. Es fragt sich, inwieweit auch die wirtschaftlich bedeutenderen[61] geschlossenen Immobilienfonds in eine gesetzliche Regelung der Immobilienfonds miteinbezogen werden sollten[62].

Für geschlossene Immobilienfonds gelten die Ausführungen über die Gründe für die Erstreckung des KAGG auf offene Immobilienfonds sinngemäß.

Bei der Anwendung der einzelnen Vorschriften des KAGG auf geschlossene Immobilienfonds gilt ebenso das hierzu bei den offenen Immobilienfonds Gesagte; die Vorschriften des KAGG lassen sich, soweit sie, wie besprochen, auf offene Iommobilienfonds Anwendung finden, auf geschlossene Immobilienfonds sinngemäß anwenden.

Die Ausführungen über den Geschäftsbereich und den rechtlichen Aufbau der Immobilienfonds haben jedoch gezeigt, daß die geschlossenen Immobilienfonds sich durch folgende Eigenschaften von den offenen Immobilienfonds unterscheiden:

1. Nach Erreichen einer bestimmten Zeichnungshöhe geben sie keine neuen Anteile mehr aus; sie nehmen grundsätzlich keine Anteile zurück, so daß weder § 10 Abs. 2 KAGG auf geschlossene Immobilienfonds anwendbar ist noch § 33 KAGG. Auch § 32 KAGG, der unmittelbar mit dem Rückgaberecht des § 33 zusammenhängt, bedarf bei einer Anwendung auf geschlossene Immobilienfonds einer Änderung.
2. Sie befolgen nicht den Grundsatz der Risikomischung, so daß weder § 7 Abs. 3 und 4, noch § 24 Abs. 1 Nr. 2, 3, Abs. 2 und § 25 KAGG auf geschlossene Immobilienfonds anwendbar sind.
Es fragt sich, ob diese Unterschiede eine ungleiche Behandlung von offenen und geschlossenen Immobilienfonds rechtfertigen, oder ob

---
[60] Vgl. §§ 25, 33 KAGG.
[61] Vgl. Vademecum der Investmentfonds, a.a.O., S. 475—524.
[62] Investmentgesetzgebung auf Hochtouren, in: Finanz und Wirtschaft vom 21. 12. 68, S. 9.

das KAGG auch auf geschlossene Immobilienfonds erstreckt werden sollte.

Geschlossene Wertpapierfonds sind im internationalen Investmentgeschäft eine durchaus häufige Erscheinung[63]. Im Bereich der Wertpapierfonds erstreckt sich die gesetzliche Regelung in den Ländern, in denen, anders als in der BRD, geschlossene Wertpapierfonds zugelassen sind auch auf die geschlossenen Wertpapierfonds. Geschlossene Wertpapierfonds stimmen bezüglich der Anteilausgabe und Anteilsrücknahme mit den geschlossenen Immobilienfonds überein. Hinsichtlich der Risikostreuung und dem rechtlichen Aufbau bestehen aber zwischen geschlossenen und offenen Wertpapierfonds im Gegensatz zu den Verhältnissen bei Immobilienfonds keine Unterschiede. Aus diesem Grunde liegt eine Erstreckung der Investmentgesetzgebung auf geschlossene Wertpapierfonds näher als auf geschlossene Immobilienfonds.

I. Rückgaberecht und Liquidität

Da geschlossene Immobilienfonds grundsätzlich keine Anteile zurücknehmen, kann § 10 Abs. 2 bzw. § 33 KAGG auf geschlossene Immobilienfonds keine Anwendung finden.

Um die Anteile an geschlossenen Immobilienfonds fungibel zu machen, bieten sich grundsätzlich zwei Lösungen an:

1. die Aufnahme der Anteilscheine in den geregelten Freiverkehr der Börse,
2. die Unterhaltung eines Marktes für die Anteilscheine durch die Depotbank oder durch die Immobilienfondsgesellschaft.

Die Zulassung von geschlossenen Wertpapierfonds zum Börsenhandel ist im Ausland durchaus üblich. Für geschlossene Immobilienfonds wäre eine solche Regelung besonders begrüßenswert, da dadurch die laufende Bewertung des Grundstück-Sondervermögens entfallen würde. Es bleibt allerdings zu bedenken, daß der Markt in den Anteilscheinen der meisten geschlossenen Immobilienfonds zu klein für einen Börsenhandel sein würde, da diese i. d. R. nur für ein oder zwei Bauprojekte aufgelegt werden.

Für kleinere geschlossene Immobilienfonds bleibt nur die Möglichkeit, daß entweder die Depotbank oder die Immobilienfondsgesellschaft einen Markt für die Anteilscheine unterhält. Die Bewertung der An-

---

[63] Vgl. USA: Investment Company Act, a.a.O., § 80a 5 (a) (2); Japan: *Früstück*: Investment-Trusts in Japan, in: ZfgK, Nr. 14, 1968, S. 18; Holland: Vademecum der Investmentfonds, a.a.O., S. 192 f.; Schweiz: Ebenda, S. 219 ff.; Spanien: Ebenda, S. 319 ff.

E. Die Erstreckung des KAGG auf geschlossene Immobilienfonds

teilscheine müßte auf dem in § 31 Abs. 2 KAGG vorgegebenen Wege erfolgen.

An Stelle von § 10 Abs. 2 bzw. von § 33 KAGG ist für geschlossene Immobilienfonds eine Regelung erforderlich, die diesen wahlweise die Einführung der Anteilscheine zum Börsenhandel oder die Unterhaltung eines eigenen Marktes für die Anteilscheine vorschreibt.

Weiterhin sollte die Fondsgesellschaft gezwungen werden, eine Liquiditätsreserve zu unterhalten. Sie sollte dazu dienen, einen Markt für die Anteilscheine aufrechtzuerhalten, damit sich dadurch Angebot und Nachfrage nach Fondsanteilen ausgleichen können. Dies gilt insbesondere für den Fall, daß die Fondsgesellschaft oder die Depotbank einen eigenen Markt in den Anteilen unterhält und die Anteile nicht zum Börsenhandel zugelassen sind.

Da bei einem geschlossenen Fonds grundsätzlich keine Anteile zu Lasten des Sondervermögens zurückgenommen werden, sollte die Liquiditätsreserve in Anlehnung an § 16 KAGG aus einem bestimmten Prozentsatz des Eigenkapitals der Immobilienfondsgesellschaft bestehen und nicht aus Mitteln des Sondervermögens gebildet werden, wie dies in § 32 KAGG für offene Immobilienfonds vorgesehen ist, bei denen die Rücknahme der Anteilscheine zu Lasten des Sondervermögens erfolgt.

Beide hier besprochenen Wege, einen Markt für die Anteile an geschlossenen Immobilienfonds zu errichten, beinhalten für den Anleger gegenüber dem Rückgaberecht des § 10 Abs. 2 bzw. § 33 KAGG besondere Risiken. Bei einem Handel der Anteile an der Börse besteht die Gefahr, daß der Kurs für die Anteile wesentlich von ihrem Substanzwert abweicht, was bei offenen Fonds wegen der jederzeitigen Ausgabe und Rücknahme von Anteilen nicht möglich ist.

Außerdem ist eine Veräußerung der Anteile über die Börse oder über den durch die Immobilienfondsgesellschaft oder die Depotbank unterhaltenen Markt immer nur dann möglich, wenn sich ein Käufer findet. Die Liquiditätsreserve kann nur einen vorübergehenden Ausgleich schaffen, nicht aber größere Verkaufsbegehren befriedigen.

Diese Besonderheiten der geschlossenen Immobilienfonds, die sich aus dem fehlenden Rückgaberecht ergeben, bergen für den Anleger besondere Risiken. Diese gegenüber offenen Immobilienfonds erhöhten Risiken sind keineswegs ein Argument gegen die Einbeziehung der geschlossenen Immobilienfonds in eine gesetzliche Fondsregelung, sondern gerade umgekehrt sind sie ein Grund dafür, daß eine Regelung der Immobilienfonds sich auch auf geschlossene Immobilienfonds erstrecken sollte.

II. Erwerbsbeschränkungen und Risikostreuung

Da das Grundstück-Sondervermögen eines geschlossenen Immobilienfonds i. d. R. nur aus ein bis zwei Grundstücken besteht, kann die Streuungsvorschrift des § 25 KAGG auf offene Immobilienfonds keine Anwendung finden. Auch die Begrenzungen nach § 24 Abs. 1 Nr. 2, 3 und § 24 Abs. 2 KAGG können aus dem gleichen Grunde auf geschlossene Immobilienfonds nicht angewandt werden.

Besondere Bedeutung gewinnt die Risikostreuung dann, wenn die einzelnen Anlagewerte starken Wertschwankungen unterliegen, wie dies z. B. bei Aktien der Fall ist. Man erreicht bei einer Anlage in Aktien dadurch eine größere Sicherheit, daß man ein Bündel verschiedener Aktien mit unterschiedlichen Chancen und Risiken erwirbt, welches insgesamt einen Risikoausgleich ermöglicht[64]. Für die Zusammenstellung eines solchen sicheren Aktienbündels ist natürlich ein größeres Vermögen erforderlich, das i. d. R. nur durch die in einem Investmentfonds gesammelten Anlagen vieler Investoren aufgebracht werden kann.

Für geschlossene Immobilienfonds gilt es, die größere Sicherheit einer Risikomischung verschiedener Anlageobjekte auf einem anderen Wege zu erreichen.

Hierfür bietet sich zunächst ein interner Risikoausgleich an. Dazu müßte bei geschlossenen Immobilienfonds dafür gesorgt werden, daß Wohn- und/oder Geschäftsräume verschiedener Größen für unterschiedliche Mieterbedürfnisse erstellt werden. Weiterhin sollte ein geschlossener Immobilienfonds eine Mindestgröße von z. B. 50 Mieteinheiten haben, so daß auch durch die Zahl der Mieter ein Risikoausgleich erfolgt.

Trotz eines solchen internen Risikoausgleichs verbleibt die Gefahr, daß das Wohn- und/oder Geschäftshaus eines geschlossenen Immobilienfonds insgesamt nicht marktgerecht gebaut ist. Um auch diese Gefahr zu begrenzen, sollte in Erweiterung des § 24 Abs. 3 KAGG ein Grundstück für einen geschlossenen Immobilienfonds nur dann erworben werden dürfen, wenn der nach § 29 KAGG zu bildende Sachverständigenausschuß dem Erwerb zustimmt. Die Zustimmung darf nur dann erfolgen, wenn das Grundstück einen dauernden Ertrag erwarten läßt. Um dies beurteilen zu können, müßte der Sachverständigenausschuß die Wirtschaftlichkeitsberechnung prüfen und insbesondere darauf achten, ob die in der Wirtschaftlichkeitsberechnung angesetzten Mieterträge realistisch sind.

---

[64] Vgl. *v. Caemmerer*, a.a.O., S. 41.

E. Die Erstreckung des KAGG auf geschlossene Immobilienfonds

Die bisher errichteten geschlossenen Immobilienfonds bestehen oft aus zwei oder drei voneinander unabhängigen Bauprojekten. Um künftigen Marktveränderungen und möglichen Fehleinschätzungen der Marktlage durch den Sachverständigenausschuß und der Leitung einer Immobilienfondsgesellschaft Rechnung zu tragen, erscheint es angemessen zu fordern, daß das Grundstück-Sondervermögen eines geschlossenen Immobilienfonds aus mindestens zwei Grundstücken, die keine wirtschaftliche Einheit i. S. des § 25 Abs. 2 KAGG bilden, bestehen sollte.

Die für offene Immobilienfonds vorgegebenen Begrenzungen in § 24 Abs. 1 Nr. 2, 3 KAGG, nach denen unbebaute Grundstücke für ein Grundstück-Sondervermögen nur erworben werden dürfen, wenn dadurch der Gesamtwert der unbebauten Grundstücke 10 v.H. des Wertes des Sondervermögens nicht übersteigt, sollte für geschlossene Immobilienfonds entfallen, da die Erfüllung dieser Vorschriften für geschlossene Immobilienfonds offensichtlich nicht möglich ist, andererseits aber geschlossene Immobilienfonds i. d. R. unbebaute Grundstücke erwerben, die erst durch die Immobilienfondsgesellschaft bebaut werden.

Der in § 24 Abs. 2 KAGG für offene Immobilienfonds in begrenztem Umfang erlaubte Erwerb von risikoreichen Grundstücken, wie Fabrikgrundstücke und Hotels (Nr. 1) und ausländische Grundstücke (Nr. 2), sollte geschlossenen Immobilienfonds nicht gestattet werden, da bei diesen die für offene Immobilienfonds vorgesehene Begrenzung des Erwerbs dieser Grundstücke auf einen kleinen Teil des Sondervermögens nicht möglich ist.

Ein Grundstück-Sondervermögen, welches hinsichtlich interner Risikostreuung, Größe, Zustimmung durch den Sachverständigenausschuß und Zusammensetzung die obengenannten Voraussetzungen erfüllt, stellt ein einem Aktienbündel ähnlich sicheres Anlageobjekt dar. Da hier der einzelne Anleger noch weniger als im Fall des Aktienbündels imstande ist, ein solches Objekt allein zu finanzieren, werden dafür auch hier die Gelder vieler Anleger gesammelt, die zusammengenommen ausreichen, ein Bauobjekt für Hunderte von Mietern zu finanzieren.

Eine darüber hinausgehende Streuung, etwa, daß das Grundstück-Sondervermögen aus zehn Grundstücken bestehen muß (so § 25 KAGG), erscheint mir dagegen für eine Risikostreuung nicht mehr erforderlich. Denn Sinn der Streuungsvorschriften im KAGG ist es, ein Aktienbündel zu erhalten, das nicht die Risiken einer einzelnen Aktie hat, zu dessen Erwerb aber ein größeres Anlagevermögen erforderlich ist.

Ein ähnlich sicheres Anlageobjekt stellt aber auch ein geschlossener Immobilienfonds mit den oben beschriebenen Eigenschaften dar.

Die Tatsache, daß geschlossene Immobilienfonds ihr Anlagevermögen i. d. R. nur auf einige Bauobjekte streuen, bildet daher keinen hinreichenden Grund dafür, daß diese Fonds nicht in eine gesetzliche Regelung der Immobilienfonds einbezogen werden.

Auch der Schweizer Gesetzgeber macht bei Immobilienfonds vom Grundsatz der Risikomischung eine Ausnahme, indem auch diejenigen Immobilienfonds dem Schweizer Bundesgesetz über die Anlagefonds unterliegen, deren Anlage nur aus einer Liegenschaft besteht[65].

III. Regelung der Rechtsform

Wie bei der Besprechung des rechtlichen Aufbaus der geschlossenen Immobilienfonds gezeigt, sind diese bisher entweder nach der Treuhandlösung oder als GmbH & Co. KG aufgebaut. Die Ausführungen über die Anwendbarkeit des § 6 Abs. 1 Satz 2 KAGG auf offene Immobilienfonds gelten auch für geschlossene Immobilienfonds. Der Aufbau der geschlossenen Immobilienfonds als GmbH & Co. KG beruht auf steuerrechtlichen Erwägungen. Sofern die bei den offenen Immobilienfonds besprochenen Steuervergünstigungen auch für geschlossene Immobilienfonds gewährt werden, entfallen diese Gründe.

Unter den bei den offenen Immobilienfonds gemachten Voraussetzungen sollte auch für geschlossene Immobilienfonds einheitlich nur die Treuhandlösung zugelassen werden. Dies würde zweifellos zu einer größeren Rechtssicherheit im Bereich der geschlossenen Immobilienfonds führen.

Von der Gesamtkonzeption des KAGG her ist zu wünschen, daß eine gesetzliche Regelung sich auf offene und geschlossene Immobilienfonds erstreckt, da im Hinblick auf die durch dies Gesetz zu erfüllenden Aufgaben des Sparerschutzes, der Kapitalmarkt- bzw. Wohnungsbauförderung und der Eigentumsbildung keine wesentlichen Unterschiede zwischen offenen und geschlossenen Immobilienfonds bestehen und diese Ziele nur unvollständig erreicht werden, solange das KAGG sich nicht auf die wirtschaftlich viel bedeutenderen geschlossenen Immobilienfonds erstreckt[66].

---

[65] Vgl. *Schuster*, a.a.O., S. 18, Fußnote 3; Vollziehungsverordnung zum Bundesgesetz über die Anlagefonds, in: *Schuster*, a.a.O., S. 82.

[66] Nur drei von zehn Immobilienfondsgesellschaften verwalten drei offene Fonds, denen über 60 geschlossene Immobilienfonds gegenüberstehen.

Viertes Kapitel

Gesetzliche Regelung der Kapitalbeteiligungsgesellschaften

Kapitalbeteiligungsgesellschaften sind Unternehmen, deren Geschäftsbereich darauf gerichtet ist, bei ihnen eingelegtes Geld im eigenen Namen für gemeinschaftliche Rechnung der Einleger nach dem Grundsatz der Risikomischung in Minderheitsbeteiligungen an nicht emissionsfähige oder nicht emissionswillige Unternehmen anzulegen[1].

Als nicht emissionsfähig oder nicht emissionswillig sind dabei alle Unternehmen anzusehen, die wegen ihrer Rechtsform, aus Furcht vor Überfremdung oder wegen mangelnder Bonität keine langfristigen Mittel am Kapitalmarkt aufnehmen können oder wollen. Hierzu gehören auch Familien-Aktiengesellschaften, die neue Aktionäre nicht aufnehmen wollen, sowie Aktiengesellschaften, die zu unbekannt sind, um erfolgreich eine Kapitalerhöhung oder Anleihe am Kapitalmarkt placieren zu können.

Im Jahre 1946 wurde die American Research and Development Corporation[2] als erste KBG gegründet. Durch den „Small Business Investment Act" von 1958 entstanden in den folgenden Jahren mit staatlicher Unterstützung etwa 705 Small Business Investment Companies, deren Aufgabe es ist, kleine und mittlere Unternehmen durch Beteiligungen mit zusätzlichem Kapital zu versorgen[3].

In Japan wurde im Juni 1963 nach amerikanischem Vorbild das „Small Business Investment Company Law"[4] erlassen, welches die Grundlage für KBG in Tokyo, Osaka und Nagoya wurde. Wie die amerikanischen Small Business Investment Companies werden auch die

---

[1] Wirksame Mittelstandshilfe, in: ZfgK, 1965, S. 981; DBG, Merkblatt über die DBG, Frankfurt 1965, S. 1; BIH, Resume über die BIH, Frankfurt 1965, S. 1; Kapitalunion, Prospekt, Frankfurt 1966, S. 2; BONA, Prospekt, Nürnberg, S. 3; vgl. auch § 1 Abs. 1 KAGG.

[2] Vgl. *Russel:* ARD Seeks Out Ideas to Develop: Reprinted from the Christian Science Monitor, March 5, 1964.

[3] Small Business Administration: Starting a Small Business Investment Company, Washington D.C., 1966, S. 9 ff.

[4] Law No. 101 of 1963 zit. nach Small Business Finance Corp. Outline of the Government affiliated Institutions for Small Business Financing in Japan, Tokyo 1964, S. 28.

japanischen KBG privatwirtschaftlich betrieben und genießen staatliche Unterstützung[5].

In Frankreich[6], Belgien[6], den Niederlanden[6], Luxemburg[7] und in Schweden[8] gibt es seit längerem KBG.

In der BRD kam es in den Jahren 1965/1966 zunächst zur Gründung von vier KBG:
1. BONA-Kapitalbeteiligungs GmbH u. Co., Nürnberg
2. Beteiligungsgesellschaft für Industrie und Handel mbH u. Co., KG, Frankfurt/M.
3. Deutsche Beteiligungsgesellschaft mbH, Frankfurt/M.
4. Allgemeine Kapitalunion GmbH u. Co., KG, Frankfurt/M.

Im folgenden werden der Geschäftsbereich und die verschiedenen rechtlichen Erscheinungsformen der KBG dargestellt, um zu prüfen, ob und auf welche KBG eine Erstreckung der Investmentgesetzgebung erfolgen sollte.

A. Geschäftsbereich der Kapitalbeteiligungsgesellschaften

Der Geschäftsbetrieb der KBG ist darauf gerichtet, Minderheitsbeteiligungen an einem breitgestreuten Kreis von Unternehmen kleiner bis mittlerer Größenordnung zu erwerben. Bei ihrer Kapitalbeschaffung wenden sich die KBG an einen breiten Anlegerkreis.

Da KBG bisher in der BRD noch weitgehend unbekannt sind, werden im folgenden die vier bedeutendsten KBG in der BRD dargestellt.

I. BONA-Kapitalbeteiligungs GmbH & Co.

Die BONA wurde am 1. 6. 1965 als GmbH & Co. mit 4 Gründungskommanditisten und dem Erwerb von einigen tragenden Beteiligungen gegründet[9]. Da weitere Beteiligungen erworben und weitere Kommanditisten aufgenommen werden sollten, wurde das Gründungskapital bereits am 30. 6. 1965 erhöht.

---

[5] Ebenda, S. 28.
[6] Vgl. *Weller:* Kredite und Finanzierungshilfen für den Mittelstand in Frankreich, Belgien, Luxemburg und den Niederlanden, in: Bank-Betrieb, 1965, S. 327; *Haupt:* Zur Diskussion um das Problem der KBG und ihre Verwirklichung im Auslande, in: Blätter für Genossenschaftswesen, 1965, S. 316 bis 322.
[7] European Enterprises Development Company, S. A., Luxembourg: Gesellschaft zur Entwicklung Europäischer Unternehmen, Broschüre.
[8] Incentive AB: Annual Report, Stockholm 1967.
[9] BONA: Merkblatt, S. 5.

A. Geschäftsbereich der Kapitalbeteiligungsgesellschaften

„**Gegenstand** der Gesellschaft ist die Kapitalerschließung und Kapitalsammlung für die Passivgeschäfte und die Kapitalanlage und Beteiligung an Unternehmen aller Art für die Aktivgeschäfte...[10]."

Geschäftsführerin der BONA GmbH & Co. ist die BONA GmbH. Ihr Stammkapital beträgt DM 50 000,—[11]. Die zur Zeit 17 Kommanditisten brachten in die Gesellschaft insgesamt zwei Mill. DM als *Kommanditeinlage* ein[12]. Der Anteil eines Kommanditisten an den Gesellschaftsanteilen der KG darf höchstens 20 v.H. sein[13]. Die BONA beschafft sich ihr Kapital vorerst nur durch Kapitalerhöhungen und/oder durch die Aufnahme neuer Kommanditisten bzw. stiller Gesellschafter. Durch eine Verbriefung der Gesellschaftsanteile und die Anlehnung an Finanzgrupppen oder Banken soll den Kommanditanteilen nahezu der Liquiditätsgrad von Wertpapieren verschafft werden[14]. Man denkt an eine Stückelung der Anteile zu DM 1 000,— die u. U. mit einer von Banken garantierten Mindestverzinsung und einer Rücknahmegarantie versehen werden sollen[15].

Der Auswahl der Beteiligungen geht eine ausgedehnte Prüfung und Renditeberechnung voraus. Entscheidend für das Eingehen einer Beteiligung ist die erwartete Zukunftsrendite. Bisher sind Beteiligungen an 23 Unternehmen mit einem Gesamtumsatz von etwa 39 Mill. DM eingegangen. Die durchschnittliche Beteiligungshöhe beträgt etwa DM 130 000,—, die höchste Beteiligung ist DM 500 000,—. Die BONA erwartet eine Mindestrendite von 20 v.H. Im Auseinandersetzungsfall fordert sie eine Ablösung für innere Reserven und den Firmenwert[16].

Zunächst wurden *Beteiligungen* als typisch stiller Gesellschafter und als Kommanditist eingegangen. Jetzt werden jedoch Beteiligungen als *atypisch stiller Gesellschafter* bevorzugt[17].

Der Unterschied zwischen der typisch stillen und der atypisch stillen Gesellschaft besteht darin, daß dem atypisch stillen Gesellschafter weitergehende Rechte, als in den §§ 335 ff. HGB vorgesehen, eingeräumt werden, so z. B. eine Beteiligung am Geschäftswert, eine Betei-

---

[10] BONA: Gesellschaftsvertrag vom 7.5.1965 in der Neufassung vom 12.10.1965, § 2.
[11] Ebenda, § 3, Abs. 1.
[12] Beyer: Geschäftsführer der BONA: Mündliche Auskunft.
[13] BONA: Gesellschaftsvertrag, a.a.O., § 3, Abs. 5.
[14] BONA: Merkblatt, S. 9.
[15] Beyer: Mündliche Auskunft.
[16] Ebenda; vgl. BONA: Atypisch Stiller Gesellschaftsvertrag, Aktiv, Muster, § 8 und 9.
[17] Die letzten Beteiligungen sind atypisch stille Gesellschaften.

ligung an der Geschäftsführung oder eine Erweiterung der Kontrollrechte nach § 338 HGB.

In die *Geschäftsführung* des Beteiligungsunternehmens greift die BONA nicht ein. Sie läßt sich jedoch weitgehende Kontroll- und Informationsrechte zusichern[18].

II. Beteiligungsgesellschaft für Industrie- und Handel mbH & Co. KG

Die BIH wurde im Juli 1965 von der Allgemeinen Bankgesellschaft AG und dem Bankhaus S. G. Warburg & Co., beide in Frankfurt/M, gegründet. Inzwischen sind weitere Banken Gesellschafter der BIH geworden. Das Gesellschaftskapital beträgt DM 250 000,—[19].

Ziel der BIH ist es, möglichst qualifizierte *Minderheitsbeteiligungen* an gutgeleiteten und in einer gesunden Branche tätigen Unternehmen, gleich welcher Gesellschaftsform, einzugehen, die — einmal von ihrem Bedarf an zusätzlichem Eigenkapital abgesehen — solide strukturiert sind[20].

Die BIH ist persönlich haftende Gesellschafterin einer Kommanditgesellschaft, deren Kommanditisten zugleich die Gesellschafter der GmbH sind. Die erworbenen Beteiligungen werden in diese KG eingebracht. Die Mittel für das Eingehen der Beteiligungen sind von *Kommanditisten* auf Abruf bereitgestellt. Weitere Kommanditisten können aufgenommen werden, bis die gesamten Kommanditeinlagen DM 10 Mill. betragen[21]. Die jeweilige Beteiligung soll eine *Mindesthöhe* von DM 100 00,— nicht unterschreiten. Die *Renditeerwartungen* der BIH liegen bei etwa 15 v.H.

Obwohl die BIH nicht in die „unternehmerische Sphäre" einzugreifen beabsichtigt, will sie jeweils ein oder zwei der BIH nahestehende Persönlichkeiten in ein bei dem betreffenden Unternehmen bestehendes oder zu diesem Zweck einzurichtendes Beratungsgremium delegieren[22].

Ein *Verwaltungsrat*, dessen Mitglieder zur einen Hälfte von der Gesellschaftsversammlung der Komplementärin und zur anderen Hälfte von der Gesellschafterversammlung der KG gewählt wird, kontrolliert

---

[18] Vgl. BONA: Atypisch Stiller Gesellschaftsvertrag, Aktiv, Muster, § 6 f.
[19] Beteiligungsgesellschaft für Industrie und Handel mbH, in: ZfgK, 19. Jg. (1966), S. 338.
[20] BIH: Resume über die BIH, S. 1.
[21] BIH Gesellschaftsvertrag ohne Datum, § 2.
[22] BIH: Resume über die BIH, S. 1 f.

und berät die Geschäftsleitung der BIH. Ein Anlageausschuß aus Vertretern der Gesellschafterbanken nimmt die Auswahl der Beteiligungen vor[23].

III. Deutsche Beteiligungsgesellschaft mbH

Die DBG wurde im September 1965 mit einem Stammkapital von DM 1 Mill gegründet[24]. Ihre Gesellschafter sind acht Banken.

Das Gesellschaftskapital beträgt DM 20 Mill., davon hält die Deutsche Bank 40 v.H. Die DBG hat ihre Geschäfttätigkeit am 1. 4. 1966 aufgenommen.

Gesellschaftszweck der DBG ist es, *Minderheitsbeteiligungen* an gesunden mittleren Unternehmen zu erwerben, deren Entwicklung auch für die Zukunft als aussichtsreich anzusehen ist. Neugründungen und Sanierungen sollen nicht Aufgabe der DBG sein[25].

Die DBG, die ihre Beteiligungen vorerst aus den von den Gesellschaftern eingebrachten Mitteln finanziert, schließt die Möglichkeit nicht aus, daß später „über die in einem F o n d s zusammengefaßten Beteiligungen Anteilscheine ausgestellt und dem Publikum zum Kauf als Vermögensanlage angeboten werden"[26]. Allerdings will die DBG in einem solchen Fall keine *Rücknahmeverpflichtung* für diese Anteilscheine eingehen[27].

Die DBG will sich entsprechend der jeweiligen Gesellschaftsform beteiligen, also als Kommanditistin, GmbH-Gesellschafterin, Aktionärin oder auch als stille Gesellschafterin[28]. Die durchschnittliche *Beteiligungshöhe* soll DM 1 Mill. sein, wenn auch jetzt Beteiligungen bis zu DM 100 000,— eingegangen werden, um Erfahrungen im Beteiligungsgeschäft zu sammeln und um schneller eine größere Risikostreuung erreichen zu können[29].

Die *Beteiligungsdauer* soll nicht weniger als sechs Jahre betragen, damit die steuerlichen Möglichkeiten gemäß § 6b EStG für die Übertragung stiller Reserven des Anlagevermögens genutzt werden können. Dem Unternehmer wird ein Rückkaufsrecht eingeräumt[30]. Die DBG

---

[23] Vgl. BIH: Gesellschaftsvertrag, § 5.
[24] Deutsche Bank gründet Beteiligungsgesellschaft, in: ZfgK, 1965, S. 997.
[25] Ebenda.
[26] Deutsche Bank gründet Beteiligungsgesellschaft, in: ZfgK, 1965, S. 4.
[27] Zeidler, Geschäftsführer der DBG: Mündliche Auskunft.
[28] DBG: Merkblatt, a.a.O., S. 4.
[29] Zeidler: Mündliche Auskunft.
[30] DBG: Merkblatt, a.a.O., S. 5.

erwartet eine *Rendite* von etwa 12 v.H. und eine Wertzuwachsvergütung, die beim Ausscheiden der DBG aus dem Unternehmen ausbezahlt werden soll[31].

IV. Allgemeine Kapitalunion GmbH & Co. KG

Die Kapitalunion wurde am 23. März 1966 mit Sitz in Frankfurt gegründet. Ihre Gesellschafter sind das Bankhaus Gebrüder Bethmann, Frankfurt/Main und acht weitere Banken. Die Kapitalunion GmbH führt als Komplementärin die Geschäfte der KG, deren Kommanditisten, die Gesellschafterbanken, vorläufig elf Mill. DM auf Abruf bereitgestellt haben[32].

Die Kapitalunion übernimmt Beteiligungen aller Art an nicht emissionsfähigen Unternehmen[33]. Allerdings ist in erster Linie an große gesunde Mittelstandsunternehmen gedacht. Sanierungen und Neugründungen sind ausgeschlossen[34].

Die Kapitalunion übernimmt auch in anderen Fällen als der Konsolidierung der Finanzstruktur Gesellschaftsanteile, „beispielsweise bei Erbauseinandersetzungen, beim Ausscheiden von Gesellschaftern oder bei der Umwandlung von Personalgesellschaften in Aktiengesellschaften..."[35].

Man rechnet damit, daß in etwa vier bis fünf Jahren ein Fonds nach dem Vorbild des ASU-Modells gebildet werden kann, mit dem Ziel, daß Anteile auch an private Sparer ausgegeben werden[36].

Das eine Beteiligung suchende Unternehmen soll „mindestens DM 1 Mill. Eigenkapital haben, damit die angestrebte Beteiligung der Kapitalunion von 25 v.H. des erhöhten Kapitals in der Regel nicht unter DM 300 000,— sinkt"[37].

Die Kapitalunion bevorzugt eine Beteiligung als *Mitunternehmer*, d.h. als atypischer stiller Gesellschafter, Kommanditist, etc. Die

---

[31] Zeidler: Mündliche Auskunft.
[32] Kapitalunion: Merkblatt, Frankfurt/M., S. 1.
[33] Ebenda, S. 2.
[34] Schlegelmilch, Geschäftsführer der Kapitalunion: Mündliche Auskunft.
[35] AKU nach ASU-Modell, Kapitalbeteiligungsgesellschaft hilft freien Unternehmern, in: Handelsblatt vom 28. 3. 1966.
[36] *Schlegelmilch*, a.a.O.; Die Konstruktion der Kapitalunion ähnelt weitgehend dem ASU-Vorschlag, bei dessen Ausarbeitung der Geschäftsführer und der Aufsichtsratsvorsitzende der Kapitalunion maßgeblich beteiligt waren.
[37] Kapitalunion: Merkblatt, a.a.O., S. 2.

Beteiligungsdauer soll etwa zehn Jahre betragen. Es wird eine Rendite von 15 v.H.—20 v.H. erwartet[38].

Die Kapitalunion will die Geschäftsführung des Unternehmers nicht beeinflussen, erwartet aber die Bereitschaft der Unternehmer, ihr im Rahmen eines Beirats die üblichen Kontrollrechte einzuräumen. Weiterhin wird gefordert, daß das Unternehmen vierteljährlich einen Geschäftsbericht, eine Zwischenbilanz und einen Ertragsstatus vorlegt[39].

B. Rechtlicher Aufbau der Kapitalbeteiligungsgesellschaften

Die GmbH & Co. KG hat sich zwar bei den bestehenden KBG durchgesetzt, da durch diese Gesellschaftsform eine Doppelbesteuerung vermieden wird. Für das anlagesuchende Kapital ist die GmbH & Co. KG jedoch nicht attraktiv und beweglich genug; daher können für sie größere Anlegerkreise nicht gewonnen werden.

So wird denn diese Rechtsform nicht als endgültig betrachtet. Man hofft, daß der Gesetzgeber entweder die KBG den KAG gleichstellt — dies würde den Aufbau einer KBG in der Miteigentums- oder Treuhandlösung nach dem Vorbild der KAG ermöglichen —, oder daß aktienrechtlich konstruierte KBG von der Vermögens- und Ertragsbesteuerung befreit werden — dies wäre die Voraussetzung für den Aufbau der KBG als AG.

I. Die aktienrechtliche Lösung

1. Darstellung

Nach verschiedenen Vorschlägen[40] soll die KBG als AG betrieben werden. Die Aktien sollen durch Sparer[41], durch Großunternehmen[42] und/oder von den Unternehmen, an denen die KBG aktiv beteiligt

---

[38] *Schlegelmilch*, a.a.O.; vgl. auch Kapitalunion: Merkblatt, a.a.O., S. 2.
[39] *Schlegelmilch*, a.a.O.
[40] Vgl. *Haupt:* Zur Diskussion um das Problem der KBG und ihre Verwirklichung im Ausland, in: Blätter für Genossenschaftswesen, 1965, S. 320; Die Vorschläge zur Verbesserung der mittelständischen Eigenkapitalausstattung, in: Bericht aus Bonn, 1965, Nr. 27, S. 4 (hrsg. von Dokumentations GmbH, vormals Volkswirtschaftliches Büro Dr. Hellwig — künftig abgekürzt als: Bericht aus Bonn); Deutscher Industrie- und Handelstag: Zur Frage der Notwendigkeit von Kapitalbeteiligungsgesellschaften, Exposé (unveröffentlicht), 1965, S. 4, künftig abgekürzt als: DIHT; *Zeidler:* Eine AG für Mittelbetriebe? — Das Beispiel der britischen Thomas Tilling Gruppe, in: Mitteilungen der Handelskammer Hamburg, April 1965, Heft 4, S. 215 f.
[41] DIHT, a.a.O., S. 4; Bericht aus Bonn, a.a.O., S. 4.
[42] Bericht aus Bonn, a.a.O., S. 4.

ist[43], gezeichnet werden. Mit dem so beschafften Kapital soll die KBG in ihrem Aktivgeschäft Beteiligungen an anderen Unternehmen erwerben[44].

Die aktienrechtlich aufgebaute KBG hat ihr Vorbild in den meisten ausländischen KBG und in den US.Investmentgesellschaften[45].

2. Kapitalbeschaffung

Ein wesentlicher Vorteil der aktienrechtlichen Lösung ist, daß für Aktien an der Börse ein organisierter Markt vorhanden ist, der für die KBG die Liquiditätsprobleme löst, die entstehen könnten, wenn sie plötzlich gezwungen wäre, einen größeren Teil der zur Kapitalbeschaffung ausgegebenen Anteile zurückzunehmen, da sie in einem solchen Fall wahrscheinlich ihre Beteiligungen nicht ohne erhebliche Verluste schnell genug verflüssigen könnte, um die für den Rückkauf erforderlichen Mittel freizusetzen[46]. Durch Verkauf an der Börse kann der Anleger sein Kapital jederzeit liquidieren, sofern der Markt nicht zu eng ist.

Dem Einwand, daß die Kapitalbasis einer KBG in Form einer AG zu unelastisch sei[47], begegnet Persé, indem er darauf hinweist, daß bei einer guten Funktionsfähigkeit der Börse die Notwendigkeit des Rückkaufes von Aktien durch die KBG nicht eintreten wird und daß die laufende Ausgabe von Zertifikaten mit Hilfe des genehmigten Kapitals, gem. §§ 202—204 AktG, dadurch erreicht werden kann, daß die Mitgliedsbanken der KBG zunächst die Kapitalerhöhung zeichnen und dann die Zertifikate an die Kunden oder an die Börse weiterleiten[48].

Wegen der einfachen technischen Abwicklung und der möglichen kleinen Stückelung bis zu DM 50,— Nennwert (§ 3 AktG) kann ein großer Anlegerkreis bis hin zum kleinen Sparer erschlossen werden. Dies ist wiederum besonders vorteilhaft, falls der Erwerb von Aktien der KBG ebenso wie andere Sparformen begünstigt wird[49].

Soweit die Kapitalwertsicherung betroffen ist, bietet eine aktienrechtlich aufgebaute KBG den Vorteil, daß eine erprobte Rechts-

---

[43] *Zeidler*, a.a.O., S. 216.
[44] *Persé*, a.a.O., S. 109.
[45] *Frank:* Zur Problematik der Investmenttrusts, Zürich 1961, S. 59.
[46] *Zeidler:* Mündliche Auskunft.
[47] *Frank*, a.a.O., S. 59; *Siara:* Die steuerliche Behandlung der Investment-Fonds, der Anteilscheine und der Anteilinhaber nach dem Gesetz über KAG, in: Das Wertpapier, 1957, S. 103 ff.
[48] *Persé*, a.a.O., S. 111 f.
[49] Bericht aus Bonn, a.a.O., S. 4.

B. Rechtlicher Aufbau der Kapitalbeteiligungsgesellschaften

konstruktion zur Verfügung steht, die den Anlegern (Aktionären) ein gesetzlich fundiertes Mitbestimmungs- und Kontrollrecht gibt[50]. Diese Rechte, die in der Hauptversammlung von den Aktionären ausgeübt werden können, sind von nicht zu unterschätzender Bedeutung, denn sowohl bei der Treuhand- als auch bei der Miteigentumslösung verbleiben die Herrschaftsrechte in der KBG und damit bei ihren Gesellschaftern[51]. Bei der aktienrechtlichen Lösung hingegen gehen die Beteiligungsrechte auf die Aktionäre über. Die Aktien der KBG unterliegen den Kursschwankungen an der Börse und tragen damit „sämtliche Risiken eines einzelnen Papiers"[52]. Obwohl die KBG auf der Aktivseite durch eine Beteiligung an einer großen Zahl von Unternehmen eine Risikostreuung erreichen, muß der Nachteil von Kursbewegungen auf Grund außerwirtschaftlicher Faktoren von einer aktienrechtlich aufgebauten KBG mit den anderen AG geteilt werden. Ein Anleger, der das Risiko scheut, sein Vermögen oder einen Teil desselben in ein einzelnes Papier anzulegen, mag sich über eine KAG an einer KBG beteiligen. Als entscheidendes Argument für die Undurchführbarkeit der aktienrechtlichen Lösung der KBG sind die Kursschwankungen aber nicht haltbar. Schließlich werden auch AG finanziert, die auf der Aktivseite eine nicht so große Risikostreuung wie die KBG erreichen können.

3. Besteuerung

Da eine nach der aktienrechtlichen Lösung aufgebaute KBG nicht die steuerlichen Vergünstigungen in Anspruch nehmen kann, die gem. § 35 KAGG auf das Sondervermögen von KAG gewährt werden, unterliegen Ertrag und Vermögen der KBG einer Doppelbesteuerung. Dies erschwert die Realisierung der aktienrechtlichen Lösung sehr, macht sie vielleicht sogar unmöglich, zumal sich diese Doppelbesteuerung durch die Anwendung anderer Organisationsformen wenigstens zum großen Teil vermeiden läßt[53].

II. Die Miteigentumslösung

1. Darstellung

a) Direkte Miteigentumslösung

Die Miteigentumslösung unterscheidet sich grundsätzlich von der aktienrechtlichen Lösung. Bei der Miteigentumslösung ist zwischen der

---
[50] Vgl. *Persé*, a.a.O., S. 110; *Frank*, a.a.O., S. 66.
[51] *Zeidler*, a.a.O., vgl. auch: *Frank*, a.a.O., S. 66.
[52] *Persé*, a.a.O., S. 113.
[53] Vgl *Siara/Tormann*, a.a.O., S. 17; *Persé*, a.a.O., S. 112 f.; *Haupt*, a.a.O., S. 322.

Investmentgesellschaft — der Trustleitung — und den Zertifikatsinhabern zu unterscheiden. Das gesamte Gesellschafts- bzw. Aktienkapital der Investmentgesellschaft wird von den Gründerinstituten übernommen.

Mit den durch die Ausgabe von Zertifikaten erhaltenen Mitteln erwirbt bei den Wertpapierfonds die KAG Aktien und/oder Obligationen, die ein Sondervermögen bilden und von ihr treuhänderisch verwaltet werden[54].

Die Zertifikatsinhaber haben bei den Wertpapierfonds — falls diese nach der Miteigentumslösung organisiert sind — Miteigentum an den im Fonds befindlichen Wertpapieren[55].

Diese „direkte Miteigentumslösung"[56] ist, wie Persé hinreichend nachweist, für eine KBG aus folgenden Gründen nicht geeignet:

1. Eigentum und damit auch Miteigentum nach §§ 1008 ff. BGB ist lediglich an Sachen möglich. Den nicht verbrieften Beteiligungsrechten der KBG fehlt der Sachwertcharakter und somit die Miteigentumsfähigkeit; an diesen ist nur eine direkte Mitberechtigung der einzelnen Anteilinhaber denkbar[57].

2. Voraussetzung für eine direkte Mitberechtigung der Anteilinhaber ist, daß die zunächst von der Investmentgesellschaft eingegangenen Beteiligungen auf die Gesamtheit der Anteilinhaber übertragen werden können. Eine solche Übertragung ist nur möglich, wenn die Zertifikatsinhaber eine beteiligungsfähige Einheit bilden, die Träger von Rechten und Pflichten sein kann[58]. Dies könnte nur eine Gesellschaft bürgerlichen Rechts sein. Dagegen spricht, daß die Anteilinhaber einander i. d. R. gar nicht kennen und gar keinen Gesellschaftsvertrag miteinander eingehen wollen. Sie wollen lediglich Miteigentum bzw. Mitberechtigung an dem Sondervermögen erwerben. Das Vorliegen einer Gesellschaft des bürgerlichen Rechts ist somit zu verneinen[59]. Die Gesamtheit der Zertifikatsinhaber bildet keine beteiligungsfähige Einheit, die damit auch nicht Gesellschafter der einzelnen Unternehmen eines Beteiligungsfonds werden kann[60]. Eine direkte Mitberechtigungslösung ist somit bei einer KBG nicht möglich.

---

[54] Vgl. *Siara/Tormann*, a.a.O., S. 31 f.; *Persé*, a.a.O., S. 114.
[55] Vgl. *Siara/Tormann*, a.a.O., S. 31 f.; *Persé*, a.a.O., S. 114.
[56] Ebenda.
[57] Ebenda, S. 115.
[58] Vgl. *Meyer-Cording*, a.a.O., S. 78; *Persé*, a.a.O., S. 115 f.
[59] *Meyer-Cording*, a.a.O., S. 78.
[60] Vgl. Entscheidung des Reichsfinanzhofes Bd. 26, S. 248 f. „Eine Gemeinschaft nach Bruchteilen an Wertpapieren wird nicht deshalb zu einer

b) *Indirekte Miteigentumslösung*

Im Unterschied zu der direkten Miteigentumslösung gründet die Investmentgesellschaft bei dieser Organisationsform eine Fonds-AG, deren Aufgabe darin besteht, sich an Stelle der Vielzahl der Zertifikatsinhaber an den Unternehmen zu beteiligen. Die Aktien der Fonds-AG sowie die in Wertpapierform gekleideten Darlehen an die Fonds-AG werden Bestandteil des Fondsvermögens, an dem die Zertifikatsinhaber Eigentumsrechte haben. Der Investmentgesellschaft steht ein Expertenkomitee zur Seite, welches die für eine Beteiligung in Frage kommenden Unternehmen prüft und auswählt, die Höhe der jeweiligen Beteiligung festlegt, das Unternehmen laufend überwacht und die Wertermittlung der Zertifikate vornimmt. Ein Treuhänder (Depotbank) verwahrt das Fondsvermögen, wickelt den Zahlungsverkehr ab und vertritt die Interessen der Anteilinhaber gegenüber der Investmentgesellschaft. Die Geschäftsführung der Fonds-AG, die mit derjenigen der Investmentgesellschaft identisch ist, wird durch einen Beirat der Zertifikatsinhaber kontrolliert[61]. Ein Beispiel für diese sog. Miteigentumsfonds sind die vom Internationalen Immobilien-Institut AG aufgelegten sog. iii-Fonds.

2. Kapitalbeschaffung

Durch die Ausgabe von Anteilscheinen über das Fondsvermögen kann ein großer Anlegerkreis erreicht werden. Investmentgesellschaften

---

Personengemeinschaft, weil sie die Verwaltung des gemeinschaftlichen Wertpapierbesitzes einem Dritten zu treuen Händen überträgt ... Es liegt überhaupt keine Personenvereinigung, sondern lediglich die Begründung eines Miteigentumsverhältnisses nach § 1008 BGB und eine hierdurch begründete Gemeinschaft nach Bruchteilen (§§ 741 ff. BGB) vor. Eine Personenvereinigung setzt einen Zusammenschluß von Personen voraus, um eine auf einen gemeinschaftlichen Zweck gerichtete Tätigkeit zu entfalten (vgl. § 705 BGB). Im vorliegenden Fall will der Erwerber an sich nichts weiter, als eine Mehrzahl von verschiedenen Wertpapieren zur Kapitaleinlage erwerben, um dadurch das Risiko eines Verlustes, insbesondere eines Kursverlustes, das er beim Erwerb von mehreren Wertpapieren derselben Gattung läuft, möglichst zu vermindern. Da er aber nicht in der Lage ist, eine Anzahl verschiedener Wertpapiere ganz zu erwerben, verschafft er sich Eigentumsanteile an ihnen. Auf Beteiligung an den Wertpapieren mit einem Anteil und nichts anderes lautet dann auch der Anteilschein. Mit dem Erwerb des Miteigentums ist der Zweck erreicht. Nicht soll das gemeinschaftliche Eigentum die Grundlage einer zu entfaltenden Tätigkeit bilden. Denn was nun noch folgt, die gemeinschaftliche Verwaltung und Benutzung des gemeinschaftlichen Eigentums, ist Folge des Miteigentumsverhältnisses, nicht Zweck einer Personenvereinigung. Die Gemeinschaft nach Bruchteilen (communio incidens) ist das Gegenteil einer solchen. Sie wird auch nicht dadurch zu einer Personengemeinschaft, daß den Anteilinhabern das Recht gemeinschaftlicher Vertretung ihrer Interessen zusteht ..."

[61] Vgl. Internationales Immobilien Institut AG, München: Kurze Erläuterung der Konstruktion des iii-Fonds Nr. I, S. 3; *Persé*, a.a.O., S. 119 ff.

scheiden allerdings aus den oben angegebenen[62] Gründen als Käufer der Anteilscheine aus.

Fraglich ist, ob die KBG eine unbeschränkte Rücknahmeverpflichtung für ausgegebene Anteilscheine übernehmen kann. Die Liquidierbarkeit der Anteile ist in Krisenfällen, d. h. wenn der KBG ein überwiegender Teil der Anteile zum Rückkauf angeboten wird, eine Funktion der Liquidierbarkeit der Beteiligungen. Da aber das in Beteiligungen angelegte Kapital in der Regel für mehrere Jahre von der KBG nicht gekündigt werden kann, will die DBG folgerichtig keine Rücknahmeverpflichtung für die Anteile eines evtl. zu gründenden Fonds übernehmen[63].

Bei den iii-Fonds ist dieses Problem so geregelt, daß „die Auszahlung des auf die rückzukaufenden Anteile entfallenden Rückkaufpreises nach Eingang des Verwertungserlöses"[64] erfolgt. Nicht umsonst haben sich auch die Vertreter der schweizerischen Immobilienfonds energisch gegen die Rücknahmepflicht bei der Abfassung des Bundesgesetzes über die Anlagefonds in der Schweiz gewehrt[65].

Dieser Nachteil der Fondslösung ist auch bei normalen Verhältnissen dadurch zu spüren, daß einige Banken es ablehnen, Anteilscheine von Immobilienfonds zu beleihen, und es wahrscheinlich ebenso ablehnen würden, Fondsanteile von KBG zu beleihen, insbesondere, wenn es sich um eine große Zahl von Zertifikaten handelt, da diese im Ernstfall kaum sofort liquidiert werden können. Somit scheiden diese Fondsanteile für solche Gelder aus, die eine Anlage suchen, die sich im Bedarfsfall gleichzeitig als Liquiditätsreserve eignet.

Aktien einer KBG, die an der Börse gehandelt würden, könnten hingegen sehr wohl beliehen werden. Die Position der Anteilseigentümer kann als sicher angesehen werden, da sie Miteigentum am Fondsvermögen haben, wenn dafür auch eine schwerfällige Rechtskonstruktion mit einem gegenüber der aktienrechtlichen Lösung weniger gut fundierten Kontrollrecht in Kauf genommen werden muß. Das Risiko von Kursverlusten auf Grund von Börsenbewegungen besteht bei den Zertifikaten nicht.

Die Bewertung der zum Fondsvermögen gehörenden Beteiligungen ist erforderlich, damit der Gesamtwert des Fondsvermögens bestimmt und daraus der Wert der Anteilscheine berechnet werden kann. Es

---

[62] Vgl. hierzu die Ausführungen über Dachfonds im 2. Kapitel.
[63] *Zeidler*, a.a.O.
[64] Internationales Immobilien Institut AG: Verwaltungsordnung, Vertragsbestimmung für den „iii-Fonds Nr. 2", München 1965, § 9.
[65] Anlagefonds an der Kandarre, in: Finanz und Wirtschaft, Nr. 9 vom 1. 2. 1967, S. 1.

genügt nicht, als Wert der einzelnen Beteiligung den Buchwert anzunehmen, da dann die stillen Reserven unberücksichtigt bleiben[66]. Diese stillen Reserven können einen erheblichen Wertzuwachs der einzelnen Beteiligungen bedeuten[67].

3. Besteuerung

Eine Doppelbesteuerung kann weitgehend vermieden werden, indem die vorgeschaltete Fonds-AG die Beteiligungen überwiegend mit Darlehen aus dem Fondsvermögen finanziert. Die Zinsen für die Darlehen sind bei der Fonds-AG Betriebsausgaben, fließen also ungeschmälert in das Fondsvermögen und können von diesem an die Anteilscheininhaber ausgeschüttet werden[68].

III. Die Treuhandlösung

Nach einer kurzen allgemeinen Darstellung der Treuhandlösung soll die von der ASU entwickelte besondere Form der Treuhandlösung wegen ihrer Bedeutung für die Praxis[69] genauer erläutert werden.

1. Aufbau der Treuhandlösung

a) *Allgemeiner Aufbau der Treuhandlösung*

Bei der Treuhandlösung erwirbt die Investmentgesellschaft die Beteiligungen im eigenen Namen und wird somit Eigentümerin der Beteiligungen. Die Rechtsbeziehung zwischen Investmentgesellschaft und Zertifikatsinhaber ist die eines Treuhänders zum Treugeber.

Da die zum Fondsvermögen gehörenden Beteiligungen nicht verbrieft sind und somit keine körperliche Übergabe der Beteiligungswerte an einen Treuhänder erfolgen kann, bereitet die Einschaltung eines weiteren Treuhänders zur Kontrolle Schwierigkeiten. Einem Expertenkomitee soll auch hier, wie bei der indirekten Miteigentumslösung, die Auswahl und Überwachung der Beteiligungen übertragen werden[70].

---

[66] Vgl. Beteiligungsgesellschaften nüchtern betrachtet, in: ZfgK, 1966, S. 819; *Beyer*, a.a.O.; *Zeidler*, a.a.O.
[67] Vgl. *Beyer*, a.a.O.
[68] Vgl. Internationales Immobilien Institut AG, München (Hrsg.): Kurze Erläuterung der Konstruktion des iii-Fonds Nr. 1, S. 4.
[69] Die Kapitalunion will sich in ihrem weiteren Ausbau weitgehend nach diesen Vorschlägen richten. Die ASU-Vorschläge wurden in enger Zusammenarbeit mit der Kapitalunion nahestehenden Persönlichkeiten ausgearbeitet.
[70] Vgl. *Persé*, a.a.O., S. 137 f.

b) Aufbau der Treuhandlösung nach dem ASU-Vorschlag[71]

Das Modell des ASU-Vorschlags basiert auf der Treuhandlösung und lehnt sich eng an die Bestimmungen des KAGG an.

Ein Kreis von Privatbanken gründet eine KBG als GmbH mit einem Kapital von DM 500 000,—[72]. Diese KBG verwaltet das zur Anlage in Beteiligungen in einem Fonds zusammengefaßte Vermögen als ein von ihrem eigenen Vermögen getrenntes Sondervermögen[73]. Der Aufbau des Fonds geschieht in drei Stufen. Da die Zahl der Beteiligungen zunächst klein und die Streuung gering sein werden, ist das Risiko eines Verlustes des Fondsvermögens am Anfang besonders groß. Deshalb wird es zu Anfang kaum möglich sein, einen größeren Anlegerkreis zu erschließen. Aus diesen Gründen und um zunächst Erfahrungen zu sammeln, werden die Anteilscheine in der ersten Stufe als Namenspapiere ausgestellt und nur an Banken ausgegeben.

Mit dem Beginn der zweiten Stufe werden die Anteilscheine in Inhaberpapiere umgetauscht und beim Publikum placiert. Während der 1. und 2. Stufe werden nur Beteiligungen in der Form des typischen stillen Gesellschafters eingegangen. Dies erfordert zunächst nur wenig Verwaltungsarbeit.

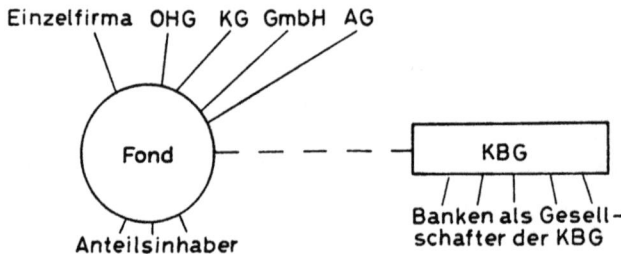

Abb. 1: ASU-Modell einer KBG (1. und 2. Stufe)[74]

In der 3. Stufe werden auch Beteiligungen als Aktionär, GmbH-Gesellschafter, Kommanditist und atypischer stiller Gesellschafter[75]

---

[71] Vgl. *Dobroschke:* Die Erschließung des Kapitalmarktes für die Mittelwirtschaft, Sachverständigenbericht der ASU-Kommission, in: Die Aussprache, Sonderheft: Kapitalbeteiligungsgesellschaften, Oktober 1965, S. 7 ff.
[72] Vgl. § 1 Abs. 1 und § 2 Abs. 2 KAGG.
[73] *Dobroschke,* a.a.O., S. 12.
[74] Entnommen: *Dobroschke,* a.a.O., S. 7.
[75] Bei der atypischen stillen Gesellschaft ist der stille Gesellschafter am Gesellschaftsvermögen, also auch an den stillen Reserven und am Geschäftswert beteiligt.

B. Rechtlicher Aufbau der Kapitalbeteiligungsgesellschaften

eingegangen. Die letzten beiden Beteiligungsformen bedeuten eine Mitunternehmerschaft, die eine einheitliche Gewinnfeststellung nach § 215 Abs. 2 AO erforderlich macht.

Eine einheitliche Gewinnfeststellung nach § 215 AO ist jedoch aus folgenden Gründen nicht möglich[76].

1. Die Anteilinhaber, die steuerlich als Mitunternehmer gelten, können nicht mehr einzeln ermittelt werden.
2. Eine einheitliche Gewinnfeststellung nach § 215 AO kann nur erfolgen, wenn die Einnahmen des Fonds für alle Anteilinhaber Einkünfte aus Gewerbebetrieb sind. Dies kann aber nicht für alle Anteilscheininhaber des Fonds einer KBG angenommen werden, da zu erwarten ist, daß ein großer Teil Privatpersonen sind. Für diese sind die Einnahmen aus dem Fonds Einkünfte aus Kapitalvermögen.

Aus diesem Grunde muß eine Fondsträgergesellschaft eingeschaltet werden, die anstelle der Anteilinhaber in die einheitliche Gewinnfeststellung einbezogen wird. Auf die Gründung der Fondsträgergesellschaft kann verzichtet werden, solange keine Mitunternehmerbeteiligungen eingegangen werden (1. und 2. Stufe).

Die Fondsträgergesellschaft, eine GmbH, steht im alleinigen Eigentum der KBG und wird aus den bei der indirekten Miteigentumslösung behandelten steuerlichen Gründen vor allem durch Darlehen aus dem Fondsvermögen finanziert.

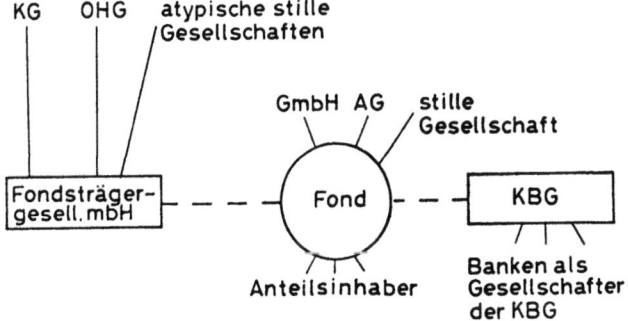

Abb. 2: ASU-Modell einer KBG (3. Stufe)[77]

---

[76] Vgl. *Weyhenmeyer*: Steuerfragen bei der Kapitalbeteiligungsgesellschaft, in: Die Aussprache, Sonderheft: Kapitalbeteiligungsgesellschaften, Oktober 1965, S. 19; Steuerliche Behandlung der Investment-Gesellschaften und deren Zertifikatinhaber, in: Der Betrieb, 1958, S. 903 f.

[77] Dieses Modell ist berichtigt wiedergegeben, da das in dem Artikel von *Dobroschke*, a.a.O., S. 14 dargestellte Modell nicht dem dazugehörigen Text entspricht.

Die Interessen der Anteilscheininhaber und die Überwachung der Verwaltungstätigkeit wird von einer Treuhandbank wahrgenommen. Ihre Aufgabe entspricht der der Depotbank bei den KAG (vgl. §§ 11—13 KAGG).

2. Kapitalbeschaffung

Wie die Miteigentumslösung bedient sich auch die Treuhandlösung einer Fondskonstruktion. Infolgedessen trifft das dort bezüglich des erschließbaren Anlegerkreises und der Liquidierbarkeit der Anteilscheine Gesagte auch hier zu.

Neu ist der Vorschlag, die über das Fondsvermögen herausgegebenen Anteilscheine in den geregelten Freiverkehr der Börse aufzunehmen; dieses hätte zwei erhebliche Vorteile:

1. Eine Bewertung des Fondsvermögens wäre nicht mehr erforderlich, da sich der Preis für die Anteilscheine an der Börse bilden würde.
2. Für die KBG entfiele die Notwendigkeit, eine Rücknahmeverpflichtung für die ausgegebenen Zertifikate einzugehen, da der Anleger seine Anteile durch Verkauf an der Börse liquidieren könnte.

Für einen Handel der Anteilscheine an der Börse müßte allerdings erst noch die Genehmigung der Zulassungsstellen der Börsen eingeholt werden. Hierzu sind sicher eingehende Verhandlungen erforderlich, und es ist damit zu rechnen, daß eine gewisse Publizität bei den beteiligten Unternehmen zur Voraussetzung für die Börsenzulassung gemacht wird[78].

Im Konkursfalle haben nach den allgemeinen Bestimmungen der Konkursordnung die Anteilscheininhaber kein Recht auf Aussonderung des Fondsvermögens, da es sich bei den Beteiligungen nicht um Gegenstände oder Rechte handelt, die dem Vermögen des Treugebers selbst entstammen[79].

Es ist fraglich, ob diese schwache Rechtsstellung für einen Kapitalanleger ausreichend ist. Der Anleger bei einer KBG müßte wie der Anleger bei einer KAG gem. § 9 Abs. 2, 4, § 10 Abs. 1, § 11 Abs. 8 und § 12 Abs. 3 KAGG gegen Zwangsvollstreckung in das Sondervermögen und gegen dessen Einbeziehung zur Konkursmasse der KAG geschützt werden[80]. Vor Einführung dieser Regelung bedienten sich sämtliche bestehenden KAG der Miteigentumslösung.

---

[78] Vgl. *Dobroschke*, a.a.O., S. 16.
[79] Vgl. *Palandt*, a.a.O., Einführung vor § 929 Anm. 7 Ba; *Persé*, a.a.O., S. 137.
[80] Vgl. *Siara/Tormann*, a.a.O., § 6 I.

3. Besteuerung

Die steuerliche Erfassung der Vermögenswerte des Fondsvermögens und die damit erzielten Erträge werden den Treugebern (Anteilinhabern) zugerechnet und brauchen folglich nur bei diesen versteuert zu werden[81]. Eine Doppelbesteuerung erfolgt also bei der Treuhandlösung nicht.

IV. Die GmbH & Co. KG Lösung

Die in der BRD bestehenden KBG haben die Rechtskonstruktion der GmbH & Co. KG gewählt. Nur die DBG bildet eine Ausnahme.

1. Darstellung

Der „Arbeitskreis für Probleme der unterschiedlichen Unternehmensgrößen beim Deutschen Industrie- und Handelstag" schlug vor, daß ein Bankenkonsortium oder größere Unternehmen der mittelständischen Industrie und des Handels eine KBG in der Rechtsform der GmbH & Co. KG gründen sollten[82].

„Die GmbH übernähme nach ihrer Gründung als Komplementär die Errichtung der KG und würde den gesamten Geschäftsverkehr abwickeln. Die Finanzierung dieser Kapitalbeteiligungsgesellschaft erfolgt durch die Aufnahme von Kommanditisten und stillen Gesellschaftern[83]."

In Anlehnung an die Organisation der KAG sollen die eingelegten Gelder und die Beteiligungen einem Sondervermögen zugewiesen werden. Ein Sachverständigenbeirat (Aufsichtsrat) soll die Arbeit der KBG kontrollieren und u. U. auch eine Betriebsberatung übernehmen[84].

2. Kapitalbeschaffung

Die Finanzierung einer KBG durch Aufnahme neuer Kommanditisten erfordert eine handelsregisterliche Eintragung jedes neu aufgenommenen Kommanditisten (§ 162 Abs. 1 HGB). Dieses ist lästig und zeitraubend, insbesondere dann, wenn die Kommanditisten häufig wechseln. Daher ist bei den bestehenden KBG die Mindestkommanditeinlage relativ hoch, zu hoch für die Erschließung eines größeren Anlegerkreises.

---

[81] Vgl. *Persé*, a.a.O., S. 139 f.
[82] DIHT, a.a.O., S. 10.
[83] DIHT, a.a.O., S. 3.
[84] Ebenda, S. 11.

Mindestkommanditeinlagen bei KBG[85]

Firma	Mindesteinlage
BONA	DM 50 000,—
BIH	DM 10 000.—
DBG	DM 100 000,—

So empfiehlt der „Arbeitskreis für Probleme der unterschiedlichen Unternehmensgrößen beim Deutschen Industrie- und Handelstag" die GmbH & Co. KG nur bei wenigen Kommanditisten mit einer hohen Einlage und die AG dann, wenn auch kleinere Geldbeträge zur Finanzierung der KBG herangezogen werden sollen[86]. Weiterhin muß der Erwerber eines Kommanditanteils einen hohen Liquiditätsverlust in Kauf nehmen, da seine Kommanditeinlage auf längere Zeit unkündbar ist, so bei der BONA[87] auf ein Jahr und bei der BIH[88] auf fünf Jahre. Auch bilden die Kommanditanteile keinerlei Liquiditätsreserve, da sie für eine Beleihung ungeeignet sind.

Der Kommanditist haftet mit seiner Einlage. Tritt ein Kommanditist aus der Gesellschaft aus, so haftet er noch fünf Jahre nach seinem Ausscheiden mit seiner Einlage[89]. Das Innenverhältnis der Kommanditgesellschaft ist vom Gesetz nur dispositiv geordnet. In den bestehenden Kommanditgesellschaften werden die Interessen der Kommanditisten durch einen Aufsichtsrat vertreten. Für das Auseinandersetzungsguthaben gilt der Buchwert der Einlage nach der Steuerbilanz; eine Beteiligung an den stillen Reserven und am Geschäftswert wird dem ausscheidenden Kommanditisten nicht gewährt[90].

Eine gewisse Mobilisierung der Kommanditeinlagen könnte dadurch erreicht werden, daß eine Bank als Treuhandkommanditist eingetragen wird und die Kommanditbeteiligungen treuhänderisch für die Anteilinhaber hält[91].

3. Besteuerung

Wird die KBG als GmbH & Co. KG betrieben, so ist es vorteilhaft, wenn die Einnahmen der GmbH so gesteuert werden, daß sie nur kostendeckend arbeitet, so daß die GmbH keine Körperschaftsteuer

---

[85] BONA: Gesellschaftsvertrag vom 7. 5. 1965 in der Neufassung vom 12. 10. 1965, § 17 Abs. 1; BIH: Gesellschaftsvertrag, § 2 Abs. 5; Zeidler, a.a.O.
[86] DIHT, a.a.O., S. 4.
[87] BONA: Gesellschaftsvertrag, a.a.O., § 13 Abs. 1 a.
[88] BIH: Gesellschaftsvertrag, a.a.O., § 3 Abs. 2.
[89] § 172 Abs. 4 i. V. m. § 159 Abs. 1 HGB.
[90] Vgl. BONA: Gesellschaftsvertrag, a.a.O., § 16 Abs. 1; BIH: Gesellschaftsvertrag, a.a.O., § 10 Abs. 3.
[91] Das ist möglich: Vgl. hierzu die Ausführungen über die als GmbH & Co. KG geführten geschlossenen Immobilienfonds.

zu zahlen hat. Da die GmbH & Co. KG eine Kommanditgesellschaft, d. h. eine Personengesellschaft ist, sind die aus den Beteiligungen anfallenden Gewinne für die GmbH & Co. KG nur durchlaufende Posten, die den Kapitalkonten der Kommanditisten gutgeschrieben werden[92]. Die Gewinne werden zum ersten und letzten Mal von den Kommanditisten der KBG versteuert.

Eine Doppelbesteuerung erfolgt bei dem Aufbau der KBG als GmbH & Co. KG nur, wenn die GmbH als Komplementärin und Geschäftsführerin der KG Gewinne macht.

C. Die Erstreckung des KAGG auf KBG

I. Gründe für eine Erstreckung des KAGG auf KBG

KAG und KBG stimmen in wesentlichen Punkten überein:

1. Beide Unternehmenstypen wenden sich an einen breiten Anlegerkreis.
2. Für beide Unternehmenstypen steht die fachmännische Vermögensanlage im Vordergrund, wobei m. E. die Auswahl und Überwachung der Beteiligungen bei den KBG noch schwieriger ist und mehr Fachwissen und Erfahrung erfordert als bei KAG.
3. Der Grundsatz der Risikomischung wird von KAG und KBG gleichermaßen in ihrem Aktivgeschäft befolgt.

Sie unterscheiden sich dadurch, daß

1. KBG die ihnen anvertrauten Gelder nicht in die in § 7 KAGG aufgezählten Vermögenswerte anlegen, sondern in Minderheitsbeteiligungen an nicht emissionsfähigen oder nicht emissionswilligen Unternehmen,
2. KBG sich teilweise anderer rechtlicher Konstruktionsformen bedienen als KAG.

Es fragt sich, ob ausgehend von der Konzeption des KAGG, das KAGG auf KBG erstreckt werden sollte.

Die Ausführungen über den Geschäftsbereich und rechtlichen Aufbau der KAG einerseits und der KBG andererseits haben gezeigt, daß beide, KAG und KBG, sich an den breiten Kreis des anlagesuchenden Publikums wenden; beide bieten ihren Anlegern eine fachmännische Vermögensverwaltung nach dem Grundsatz der Risikomischung. Während jedoch die Sparer der Wertpapierfonds durch das KAGG vor

---
[92] Vgl. DIHT, a.a.O., S. 3.

Mißbräuchen besonders geschützt sind, genießen die Sparer der Beteiligungsfonds einen solchen Schutz nicht.

Das ist aus der Sicht des Sparerschutzgedankens nicht verständlich, wenn man bedenkt, daß die Mißbrauchsmöglichkeiten im Bereich der KBG größer sind als bei KAG, insbesondere, da für Beteiligungen an nicht emissionsfähigen Mittelstandsunternehmen keine geregelten Märkte bestehen, wie sie für Aktien vorhanden sind.

Weiterhin ist zu bedenken, daß z. B. in den USA und in der Schweiz ein Großteil der Mittelstandsunternehmen AG sind. Folglich finden sich unter den Anlagen der Wertpapierfonds dieser Länder Aktien von Mittelstandsunternehmen, die in der BRD vergleichsweise nur in Beteiligungsfonds zu finden sind, da in der BRD die Rechtsform der AG vornehmlich von Großunternehmen benutzt wird.

Besonders deutlich wird dies dann, wenn man z. B. die US-Investmentfonds betrachtet, die ihre Anlagen ausschließlich in „Restricted Securities" vornehmen.

„Restricted Securities" sind Aktien, die in den USA nicht unter dem Securities Act of 1933 registriert sind und somit nicht zum allgemeinen Börsenhandel zugelassen sind. Restricted Securities werden privat, direkt vom Emittenten oder von anderen Anlegern gekauft. Die Fungibilität dieser Anteile ist nicht größer als die der Beteiligungen, die von KBG eingegangen werden[93].

Wirtschaftlich gesehen besteht m. E. zwischen den Aktiva eines Wertpapierfonds für Restricted Securities und denen eines Beteiligungsfonds kein Unterschied.

Aus der Sicht des Sparerschutzes sollte aus diesen Gründen das KAGG in seinem Geltungsbereich auf KBG erweitert werden.

Soweit das kapitalmarktpolitische Ziel des Gesetzgebers betroffen ist, dürfte den KBG eine ebenso große Bedeutung beizumessen sein wie den KAG.

Die nicht emissionsfähigen Unternehmen werden von der einschlägigen Kreditwirtschaft — Spezialinstituten (Kreditanstalt für Wiederaufbau, Industriekreditbank und Lastenausgleichsbank), Geschäftsbanken und Sparkassen — mit mittel- und langfristigem Kapital aus den öffentlichen Kreditprogrammen, dem Kapitalmarkt und den Spareinlagen versorgt[94].

---

[93] Vgl. SMC Investment Corporation, Prospectus, October 3, 1968, S. 2 f.
[94] Vgl. Union des Industries de la Communauté Européenne: Untersuchung der Lage der kleinen und mittleren Industrieunternehmen in den Ländern der Europäischen Wirtschaftsgemeinschaft und Ausblick auf die Maßnahmen und Pläne zu ihrer Förderung, Bruxelles, Stichtag 1. Juli 1961, S. 20—33.

C. Die Erstreckung des KAGG auf KBG

Eine der ergiebigsten Kapitalsammelstellen, die Versicherungswirtschaft, sollte nach dem „Reuschel-Plan" für die Deckung des Kapitalbedarfs der mittelständischen Unternehmungen erschlossen werden[95]. Diese Idee erwies sich jedoch vorerst als undurchführbar.

Erfolgreicher war der von Privatbanken aufgelegte „Mittelstandsfonds" von zweihundert Mill. DM, der ausschließlich für den mittelständischen Kredit bereitgestellt worden ist[96].

Die Fähigkeit zur Kreditaufnahme ist im Bereich der Mittel- und Kleinindustrie vor allem durch fehlende Realsicherheiten beeinträchtigt. Hieraus entstand ein Bedürfnis nach einer institutionell verankerten Bürgschaftshilfe, das zur Gründung zahlreicher Kreditgarantiegesellschaften führte.

Die mangelnde Fähigkeit zur Kreditaufnahme ist aber zurückzuführen auf einen Rückgang der Eigenkapitalbildung, der stets von einer Zunahme der Fremdfinanzierung begleitet wird. Dieses setzt wiederum zwangsläufig die Kreditwürdigkeit für die Aufnahme von Fremdkapital herab. Der entstehende „circulus vitiosus" läßt sich nur mittels einer gesunden Eigenkapitalfinanzierung vermeiden. Es gibt für die Mittelindustrie zwei Wege, um dies zu erreichen:

Selbstfinanzierung und/oder *Beteiligungsfinanzierung*.

Die anteilige Vermögensbildung der Unternehmen mindert sich stetig, während die Ersparnisbildung der öffentlichen Hand und der privaten Haushalte zunimmt[97].

Demgegenüber stand eine starke Nachkriegsexpansion und der Zwang zur Rationalisierung und zur Automation. Als Folge stieg das Investitionsvolumen der Wirtschaft stetig[98].

Das dafür erforderliche Kapital wurde in der Regel durch die Aufnahme von Krediten beschafft. Der Preis war ein relativer Rückgang des Eigenkapitals.

Die Entwicklung läßt erkennen, daß die Mittelbetriebe in ihrer Eigenkapitalbildung zurückgeblieben sind und gleichwohl hohe Investitionen vornehmen mußten.

Während nun die großen Unternehmungen später auf Grund ihrer Kapitalmarktfähigkeit die Eigenkapitalbildung über die Börse nach-

---

[95] Vgl. *Reuschel:* Vortrag vor der ASU in München am 12. Oktober 1962, Sonderdruck.

[96] Mittelstandsfonds jetzt 200 Mill. DM, in: Bankbetrieb, 1965, S. 200.

[97] Vgl. *Krahnen:* Die Kapitalbeteiligungsgesellschaft in volkswirtschaftlicher Sicht, in: Die Aussprache, Bonn, Sonderausgabe Oktober 1965, S. 3.

[98] Vgl. *von Wangenheim:* Investitionsfinanzierung in der mittelständischen Wirtschaft, in: Der Volkswirt, Wirtschafts- und Finanz-Zeitung, 1956, Beilage 47, S. 61.

84   4. Kap.: Gesetzliche Regelung der Kapitalbeteiligungsgesellschaften

holen konnten, war dies den nicht emissionsfähigen Unternehmen nicht möglich.

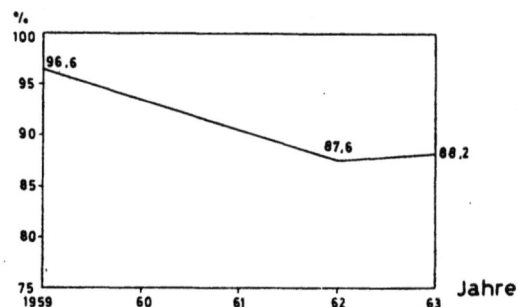

Abb. 3: Die Entwicklung des *Eigenkapitals* in v.H. des *Anlagevermögens* bei 1150 Kunden der Industriekreditbank aus der verarbeitenden Industrie von 1959 bis 1963[99]

Die notwendige Folge aus der abnehmenden Ersparnisbildung in den Unternehmen einerseits und der steigenden Anlageintensität der Unternehmen andererseits ist eine Abnahme des Anteils der Selbstfinanzierung und eine Steigerung des Anteils der Fremdfinanzierung, wie es in folgender Abbildung besonders deutlich erkennbar ist.

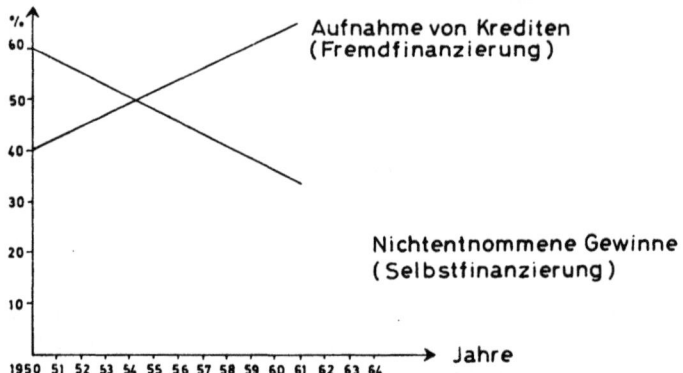

Abb. 4: Wachsende Finanzierungslücke bei der Unternehmensfinanzierung[100]

Wenn die Selbstfinanzierung für die notwendige Eigenkapitalfinanzierung nicht ausreicht, dann kann zur Deckung der Finanzierungslücke die Aufnahme von Beteiligungskapital dienen.

---

[99] Industriekreditbank AG, Düsseldorf, Bericht über das 16. Geschäftsjahr vom 1. 4. 1964—31. 3. 1965, S. 33.

[100] Entnommen: *Krahnen:* Die Kapitalbeteiligungsgesellschaft in volkswirtschaftlicher Sicht, a.a.O., S. 3.

C. Die Erstreckung des KAGG auf KBG

Folgerichtig wurde vorgeschlagen, einen organisierten Markt für Beteiligungen einzuführen[101]. So haben die Privatbanken unter sich einen Markt für Beteiligungen aufgebaut. Ein Zirkular bietet den interessierten Banken die Möglichkeit, Beteiligungsangebote und Nachfrage nach Beteiligungen, die sich in ihrem eigenen Bereich nicht zur Deckung bringen lassen, anderen Banken bekannt zu geben[102].

Dieser Beteiligungsmarkt erschließt jedoch keinen größeren Anlegerkreis. Ein solcher organisierter Beteiligungsmarkt dürfte allerdings ohnehin nicht realisierbar sein, denn:

1. den potentiellen Geldgebern wird i. d. R. die erforderliche Sachkenntnis für eine Beteiligung fehlen;
2. die nachgefragten Kapitalbeträge sind zu hoch, als daß sie von einzelnen Geldgebern bereitgestellt werden könnten.

Aus diesen Überlegungen ergibt sich der Gedanke, die kleinen Sparbeiträge zu sammeln und durch eine Institution in Beteiligungskapital überzuführen. Genau das ist die Aufgabe der Kapitalbeteiligungsgesellschaften.

Die Ausführungen können keinen Zweifel darüber lassen, daß die Anlage in Beteiligungen an Mittelstandsunternehmen durch KBG für die Förderung des Kapitalmarktes nicht weniger wichtig ist als die Anlage in Wertpapieren durch die KAG.

Aus der Sicht der Kapitalmarktförderung sprechen daher ebenso wichtige Gründe dafür, daß der Anwendungsbereich des KAGG auf KBG erweitert werden sollte.

Im Hinblick auf die Eigentumsbildung sind keine wesentlichen Unterschiede zwischen KBG und KAG ersichtlich.

Aus der Konzeption des KAGG her gesehen sprechen gute Gründe dafür, den Anwendungsbereich des KAGG auf KBG zu erweitern[103].

Sofern KBG sich der rechtlichen Konstruktion der indirekten Miteigentumslösung oder der Treuhandlösung bedienen, was bei einer Erstreckung der im KAGG vorgesehenen steuerlichen Vergünstigungen

---

[101] Deutscher Industrie- und Handelstag, zur Frage der Notwendigkeit von Kapitalbeteiligungsgesellschaften, Exposé (unveröffentlicht), 1965, S. 2.
[102] Bundesverband des privaten Bankgewerbes e.V., Köln, Jahresbericht 1964—65, S. 44; *Krahnen:* Verbreiterung der Eigenkapitalbasis, in: Die Aussprache, 1963, S. 190.
[103] Das Schweizer Bundesgesetz über die Anlagefonds ist bzgl. der Erstreckung auf Beteiligungsfonds flexibel, da gem. Art. 6 Abs. 3 der Schweizer Bundesrat Beteiligungs- und Forderungsrechte, die nicht wertpapiermäßig beurkundet sind, als Anlagen zulassen kann — hierbei ist allerdings nicht unbedingt an Beteiligungen an Mittelstandsunternehmen gedacht. Vgl. hierzu *Schuster,* a.a.O., S. 83.

und eigentumsrechtlichen Schutzvorschriften unter günstigeren Umständen möglich wäre, unterscheiden sich KAG, Immobilienfonds und KBG in maßgebenden Elementen nicht.

Da sich KBG, KAG und Immobilienfonds in den maßgebenden Elementen, insbesondere unter Beachtung der Aufgaben, die dem KAGG gestellt sind, gleichen, ist eine Erstreckung der Investmentgesetzgebung auf diese KBG zu wünschen.

II. Besonderheiten der KBG in der Rechtsform der AG und der GmbH & Co. KG

1. Besonderheiten der KBG in der Rechtsform der AG

Eine in der Rechtsform der AG geführte KBG könnte bereits durch das AktG ausreichend geregelt sein, so daß eine Erstreckung des KAGG auf KBG nicht erforderlich wäre.

Dem ist jedoch entgegenzuhalten, daß das KAGG durch seine besonderen Vorschriften den Sparer weitgehender schützt, als dies bei Anwendung des AktG auf KBG der Fall ist.

Das Mindestnennkapital einer KAGG muß gem. § 2 Abs. 2 KAGG DM 500 000,— betragen, gegenüber nur DM 100 000,— für AG gem. § 7 AktG.

Die Geschäftleitung einer KAG muß gem. § 2 Abs. 1 KAGG i. V. m. § 33 Abs. 1 Nr. 2 u. 3 KWG ihre persönliche Zuverlässigkeit und fachliche Eignung nachweisen, während dies für AG nicht erforderlich ist.

Schließlich zeigen die weitgehenden Regelungen des Geschäftsbereichs, gem. §§ 7 ff. KAGG, der Schutz des Sondervermögens gegen Einbeziehung zur Konkursmasse, gem. §§ 9 Abs. 2, 4; 10 Abs. 1; 11 Abs. 8; 12 Abs. 3 KAGG, die Rücknahmepflicht der Anteilscheine gem. § 10 Abs. 2 KAGG, die umfangreichen Vorschriften über die Depotbank gem. § 11 KAGG, die Überwachung der KAG durch das Bundesaufsichtsamt für Kreditwesen gem. § 20 Abs. 2, 3 KAGG und § 2 Abs. 1 KAGG i. V. m. § 6 KWG u. a., daß der Sparerschutz des KAGG bedeutend ausführlicher und weitgehender ist als der des AktG.

Endlich bleibt festzustellen, daß im Ausland, z. B. in den Niederlanden und in den USA, aktienrechtlich aufgebaute Wertpapierfonds durchaus üblich sind[104].

Es ist kein wesentlicher sachlicher Grund ersichtlich, der dafür spricht, aktienrechtlich aufgebaute KBG von einer Erstreckung des KAGG auf KBG auszunehmen.

---

[104] Vgl. *Brüggemann*, a.a.O., S. 17, 46.

2. Besonderheiten der KBG in der Rechtsform der GmbH & Co. KG

Wie oben erläutert[105], eignet sich die GmbH & Co. KG als Rechtsform für eine KBG dann, wenn nur wenige Kommanditisten mit jeweils hohen Einlagen aufgenommen werden sollen. Dagegen ist der Sinn des Investmentgedankens gerade der, daß durch die Investmentgesellschaft dem breiten anlagesuchenden Publikum durch das KAGG eine rechtlich gesichert und — durch die fachmännische Verwaltung — wirtschaftlich interessante Möglichkeit der Eigentumsbildung geboten wird.

Eine KBG, die sich nur an einen kleinen Kreis vermögender Anleger wendet, erfüllt dies Kriterium sicher nicht.

Andererseits ist es durchaus nicht sicher, daß sich eine KBG in der Rechtsform der GmbH & Co. KG nicht doch an einen breitgestreuten Anlegerkreis wendet.

Durch die Bestellung eines Treuhandkommanditisten oder durch den Werbesendungen beigefügte Registervollmachten, die nur einmal notariell zu beglaubigen sind, kann die Komplementärin für dauernd bevollmächtigt werden, alle Anmeldungen und Anträge zum Handelsregister für die Kommanditisten vorzunehmen; auf diese Weise kann auch technisch die Erfassung eines breiten Anlegerkreises erleichtert werden.

Die Bonner Wirtschaftsdienst GmbH & Co. KG ist ein Beispiel für eine GmbH & Co. KG, die sich an einen großen Anlegerkreis gewandt hat; innerhalb kurzer Zeit sind dieser Gesellschaft 472 Kommanditisten mit Einlagen vornehmlich zwischen DM 10 000,— und DM 30 000,— beigetreten[106]. Die Gesellschaft ging inzwischen in Konkurs.

Zweifelsohne bestehen zwischen den in der Rechtsform der GmbH & Co. KG geführten KBG, die sich an einen breiten Anlegerkreis wenden, und den nach der Treuhandlösung aufgebauten KBG wirtschaftlich keine Unterschiede. Die einseitige Ausklammerung dieser KBG aus der Investmentgesetzgebung auf Grund ihrer Rechtsform eröffnet eine leichte Möglichkeit der Umgehung der aufsichtsrechtlichen Vorschriften.

Die oben gemachten Ausführungen haben gezeigt, daß weder die vorbehaltlose Einbeziehung dieser KBG in den Erstreckungsbereich der Investmentgesetzgebung noch ihre Ausklammerung den Verhältnissen gerecht wird.

Wenn aber weder die Einbeziehung noch die Ausklammerung der in der Rechtsform der GmbH & Co. KG geführten KBG in den Erstrek-

---

[105] Vgl. die Ausführungen über die GmbH & Co. KG Lösung.
[106] Kommanditbeteiligung Bonner Wirtschaftsdienst GmbH & Co. KG, Angebot Nr. 647, Bonn 31.5.68, S. 2—15.

kungsbereich der Investmentgesetzgebung eine zufriedenstellende Rechtslage schafft, so zeigt dies, daß für die Beantwortung dieser Frage von einem anderen Entscheidungskriterium ausgegangen werden muß.

Ein solches Kriterium könnte die Höhe des Mindestanlagebetrages sein, d. h. die Höhe der Summe, die zum Erwerb eines Anteilscheines an den entsprechenden Beteiligungsfonds (in der Rechtsform der GmbH & Co. KG) mindestens erforderlich ist.

KBG, deren Mindestanlagebetrag eine gewisse Summe überschreitet mit der Folge, daß diese Gesellschaften ihrem Wesen nach nicht mehr zum Investmentgeschäft gehören, müßten dann aus einer gesetzlichen Regelung ausgeklammert werden.

Wie bei den Immobilienfonds sind auch bei den KBG die Ursachen für die Auswahl der rechtlichen Konstruktionsformen in steuerrechtlichen und gesellschaftsrechtlichen Erwägungen zu finden. Es bleibt zu wünschen, daß durch eine Erstreckung der Investmentgesetzgebung auf KBG auch für diese Gesellschaften eine rechtliche Konstruktionsform besonders begünstigt wird. Wie bei den Immobilienfondsgesellschaften dürfte sich auch für KBG die Treuhandlösung besonders gut eignen.

III. Die Anwendbarkeit der einzelnen Vorschriften des KAGG auf KBG[107]

Bei der Anwendung der einzelnen Vorschriften des KAGG auf KBG sind, durch die Eigenarten der KBG bedingt, in Einzelfällen abweichende Regelungen gegenüber dem KAGG erforderlich.

1. Regelung der KAG

Bei der Anwendung der §§ 1—5 KAGG auf KBG gilt das für offene Immobilienfonds Gesagte. Diese Vorschriften können aus den dort genannten Gründen ebenfalls unmittelbar auf solche KAG angewandt werden, die ein Beteiligungs-Sondervermögen verwalten. Es ist auch denkbar, daß eine KAG, z. B. ein Wertpapier-Sondervermögen, ein Immobilien-Sondervermögen und ein Beteiligungs-Sondervermögen verwaltet.

2. Regelung der Rechtsform

Bei der Anwendung von § 6 KAGG auf KBG gilt ebenso das bei offenen Immobilienfonds Gesagte. § 6 KAGG läßt sich mit Ausnahme

---
[107] Die folgenden Ausführungen lehnen sich zum Teil an die Erörterungen über die Anwendung des KAGG auf offene Immobilienfonds an — in diesen Fällen wird auf die dort gemachten Ausführungen verwiesen.

von § 6 Abs. 1 Satz 2 ebenso unmittelbar auf KBG anwenden. Die Ausführungen über den rechtlichen Aufbau der KBG haben gezeigt, daß die direkte Miteigentumslösung auf KBG nicht anwendbar ist, wohl aber die indirekte Miteigentumslösung, bei der die Beteiligungen über eine Fonds-AG eingegangen werden. Bei der Treuhandlösung hingegen beteiligt sich die KBG im eigenen Namen, so daß eine Fonds-AG nicht erforderlich ist. Allerdings ist, wie oben gezeigt, im Falle der Mitunternehmerbeteiligungen bei der Treuhandlösung aus steuerrechtlichen Gründen die Einschaltung einer Fondsträgergesellschaft erforderlich. Sofern der Gesetzgeber die Mitunternehmerbeteiligungen einer KBG von der einheitlichen Gewinnfeststellung ausnehmen würde, sollte für KBG wegen der vereinfachten Rechtskonstruktion wie bei Immobilienfonds nur die Treuhandlösung zugelassen werden. Ansonsten könnten KBG nach der indirekten Miteigentumslösung oder nach der Treuhandlösung aufgebaut werden, ohne daß für eine dieser beiden Lösungen wesentliche Vorteile sprechen.

§ 8 Abs. 1 Satz 1 KAGG könnte auf KBG sinngemäß Anwendung finden. Hierdurch wird sichergestellt, daß die KAG auch im Fall der indirekten Miteigentumslösung im eigenen Namen über die Gegenstände des Sondervermögens verfügen kann. Sofern für KBG die Treuhandlösung Anwendung findet, hat § 8 Abs. 1 Satz 1 KAGG nur deklatorische Bedeutung[108]. Bzgl. § 8 Abs. 1 Satz 2 KAGG gilt das hierzu bei Immobilienfonds Gesagte sinngemäß.

3. Erwerbsbeschränkungen und Risikostreuung

Die Erwerbsbeschränkungen nach § 7 Abs. 1 u. 2 KAGG sind auf Beteiligungsfonds nicht anwendbar. KBG sollten stattdessen folgenden Erwerbsbeschränkungen unterliegen:

1. Beteiligungen dürfen nur in bestimmten Rechtsformen eingegangen werden.
2. Das Ausmaß der Beteiligungen zum Zwecke von Neugründungen und Sanierungen sollte begrenzt werden.

Bei der Wahl der Rechtsform der Beteiligung muß mit Rücksicht auf die Möglichkeit der Erschließung eines großen Anlegerkreises als oberster Grundsatz gelten, daß die Haftung des Sondervermögens bei jeder Beteiligung auf das eingebrachte Kapital beschränkt wird. Die Auswahl der Beteiligungsform muß deshalb auf die des stillen Gesellschafters, Kommanditisten, GmbH-Gesellschafters und Aktionärs beschränkt bleiben.

---

[108] Vgl. *Siara/Tormann*, a.a.O., § 8 Anm. I.

Bedenken dagegen, die Streuungsvorschrift des § 7 Abs. 3, 5 KAGG auf KBG sinngemäß anzuwenden, ergeben sich aus der Überlegung, daß die einzelnen Beteiligungen einer KBG notwendigerweise größere Kapitalbeträge erfordern als der Erwerb von Aktien für ein Wertpapier-Sondervermögen, und daß folglich eine so starke Streuung, wie sie in § 7 Abs. 3 KAGG für Wertpapier-Sondervermögen vorgesehen ist, für ein Beteiligungs-Sondervermögen nur schwer erreichbar ist. Es liegt deshalb nahe, für Beteiligungsfonds, nach dem Vorbild der für offene Immobilienfonds in § 25 KAGG getroffenen Regelung, eine weniger starke Streuung zu fordern. Da aber gerade die Beteiligungen an Klein- und Mittelunternehmen erhöhte Risiken beinhalten, sollte m. E. auch von Beteiligungsfonds eine dem § 7 Abs. 3 KAGG entsprechende Streuung verlangt werden. Auf Grund der für die Beteiligungen i. d. R. erforderlichen hohen Kapitalbeträge, sollte diese Streuungsvorschrift allerdings erst nach einer Übergangszeit erfüllt zu werden brauchen, in Anlehnung an die Regelung des § 26 KAGG.

§ 7 Abs. 4 KAGG sollte auf KBG keine Anwendung finden; denn KBG können ihre Aufgabe, die Eigenkapitalversorgung der Klein- und Mittelindustrie zu verbessern, nicht wirksam erfüllen, wenn sie sich nur bis zu 5 v.H. an dem Eigenkapital eines Unternehmens beteiligen dürfen. M. E. sollte eine Begrenzung in dieser Hinsicht überhaupt unterbleiben, da für die Sicherheit des Anlegers durch eine Risikostreuung gem. § 7 Abs. 3 KAGG gesorgt ist, eine Anwendung des § 7 Abs. 4 KAGG auf KBG aber die KBG erheblich in ihrer Geschäftspolitik einschränken würde und mitunter sogar besondere Risiken verursachen könnte, wenn eine Aufstockung einer Beteiligung für eine Sanierung ratsam erscheint und diese wegen einer Begrenzung aus § 7 Abs. 4 KAGG unterbleiben müßte.

Auf die Sicherheit des Anlegers hat die Anwendung des § 7 Abs. 4 KAGG keinen Einfluß. Sollte aber dennoch aus Gründen der Machtzusammenballung[109] an einer dem § 7 Abs. 4 KAGG entsprechenden Begrenzung festgehalten werden, so muß m. E. den KBG eine Beteiligung bis zu 50 v.H. an dem Eigenkapital eines Beteiligungsunternehmens gestattet werden, da sie sonst ihre Aufgabe nicht wirksam erfüllen können.

Beteiligungen zum Zwecke von Sanierungen und Neugründungen sollten wegen der damit verbundenen Risiken in ihrer Höhe auf einen bestimmten Prozentsatz des Sondervermögens begrenzt werden. Eine Begrenzung auf zusammen 20 v.H. des Wertes des Sondervermögens ist m. E. angemessen.

---

[109] Vgl. *Siara/Tormann,* a.a.O., § 7 Anm. IV.

C. Die Erstreckung des KAGG auf KBG

Beteiligungen an ausländischen Unternehmen sollten wegen den damit verbundenen rechtlichen und wirtschaftlichen Risiken auch für Beteiligungsfonds nur nach § 7 Abs. 1 c KAGG zugelassen werden.

Da es für die Unternehmensbeteiligungen eines Beteiligungsfonds wie für Grundstücke keinen dem Börsenkurs entsprechenden Marktpreis gibt, sollte dem Eingehen von Beteiligungen eine Bewertung durch einen unabhängigen Sachverständigenausschuß vorausgehen, wie dies in § 24 Abs. 3 KAGG für Immobilienfonds vorgeschrieben ist.

§ 7 Abs. 6 u. 7 KAGG können auf Beteiligungsfonds sinngemäß angewandt werden.

4. Rückgaberecht und Liquidität

§ 10 Abs. 1 KAGG kann auf das Sondervermögen der KBG unmittelbar Anwendung finden.

Das Rückgaberecht des § 10 Abs. 2 KAGG aber kann auf Beteiligungsfonds nicht angewandt werden. Für die zu einem Beteiligungsfonds gehörenden Unternehmensbeteiligungen besteht kein der Börse entsprechender Markt, die Liquidierung der Beteiligung zu angemessenen Bedingungen kann mitunter sehr schwierig sein, da oft ein Käufer, der in der Lage und willens ist, eine solche Unternehmensbeteiligung zu übernehmen, nur schwer zu finden sein wird. Dies gilt insbesondere, wenn man bedenkt, daß die von einer KBG eingegangenen Beteiligungen i. d. R. vertraglich so ausgestaltet sein werden, daß der KBG kein oder nur ein geringer Einfluß auf die Geschäftsführung gewährt wird — dies aber dürfte den Interessen der eine Beteiligung an Klein- oder Mittelunternehmen Suchenden in den meisten Fällen widersprechen. Hinzu kommt noch, daß die Unternehmensbeteiligungen, wie bei der Erörterung des Geschäftsbereichs der KBG dargestellt, für mehrere Jahre eingegangen werden, damit der unternehmerische Zweck der Beteiligungen, die Eigenkapitalversorgung der Klein- und Mittelunternehmen zu verbessern, erfüllt werden kann.

Aus den genannten Gründen liegt es nahe, die Beteiligungsfonds als geschlossene Fonds zu führen. Die Anteilscheine müßten dann, wie bei der Darstellung der Treuhandlösung erörtert, zum Handel an der Börse zugelassen werden. Die oben besprochenen Streuungsvorschriften müßten allerdings bei den im Gegensatz zu Grundstücken mit größeren Risiken belasteten Unternehmensbeteiligungen unbedingt eingehalten werden.

Die Einführung der Anteilscheine eines Beteiligungsfonds zum Börsenhandel scheint auch aus einem anderen Grunde geboten. Das Fondsvermögen eines Beteiligungsfonds unterliegt entsprechend der unterschiedlichen wirtschaftlichen Wertentwicklung der einzelnen Beteiligungen dauernden Schwankungen, die mitunter sehr stark sein können, da die Wertentwicklung der Beteiligungen an Klein- und Mittelunternehmen sich naturgemäß schneller ändern als dies bei Großunternehmen mit einem breitgestreuten Produktionsprogramm oder bei Grundstücken der Fall ist. Eine laufende Bewertung des Fondsvermögens unter Beachtung der unterschiedlichen Wertentwicklungen der einzelnen Beteiligungen dürfte aber auch für einen Sachverständigenausschuß mit großen Schwierigkeiten verbunden sein. Das Problem der laufenden Bewertung der Beteiligung entfällt mit der Einführung der Anteilscheine eines Beteiligungsfonds zum Börsenhandel, da sich dann ein Preis für die Anteilscheine aus Angebot und Nachfrage bildet.

Sofern Beteiligungsfonds als geschlossene Fonds geführt werden, nehmen diese keine Anteilscheine zurück und folglich ist auch keine Liquiditätsreserve für diesen Zweck erforderlich.

Dennoch ist es wünschenswert, daß KBG einen geringen Teil des Sondervermögens als Liquiditätsreserve halten, um bei notleidenden Beteiligungen, sofern dies ratsam erscheint, durch eine Aufstockung der Beteiligung eine Sanierung durchführen zu können.

5. Aufgaben der Depotbank

Wie im Fall der Immobilienfonds sind bei Beteiligungsfonds, die zum Fondsvermögen gehörenden Beteiligungen nicht verbrieft. Eine Übergabe der Werte an und Verwahrung durch eine Depotbank ist folglich nicht möglich. Dies ist nur bei den zum Sondervermögen gehörenden Geldbeträgen und Wertpapieren möglich, die aber bei Beteiligungsfonds von nur geringer Bedeutung sind.

Bei Beteiligungsfonds, die nach der indirekten Miteigentumslösung aufgebaut sind, ist zwar eine Übergabe und Verwahrung der Aktien der Fonds-AG an die Depotbank möglich — aber hierdurch wird das Problem nicht gelöst, sondern ist nur auf die Kontrolle der Fonds-AG verlagert, die dann die nicht verbrieften Unternehmensbeteiligungen hält.

Um dennoch die bestmögliche Sicherung der Anteilscheininhaber zu erreichen, sollte für KBG eine den §§ 28, 24 Abs. 3 und 34 Abs. 1 KAGG entsprechende Regelung getroffen werden. Die Bindung der Verfügungen der KBG über die Beteiligungen an die Zustimmung der Depotbank (besser Treuhandbank) hat allerdings lediglich eine Wirkung im Innenverhältnis, da eine Grundbucheintragung nicht möglich ist.

Als Ersatz dafür sollte einem Sachverständigenausschuß die laufende Überwachung der Beteiligungen obliegen. Praktisch könnte diese Überwachung der Beteiligungen durch eine Prüfung der möglichst monatlich zu erstellenden unsaldierten Zwischenbilanzen und Gewinn- und Verlustrechnungen sowie einer Kontrolle der personellen Zusammensetzung der leitenden Personen der Beteiligungsunternehmen erfolgen. Neben der Prüfung der Bilanz- und Ertragsentwicklung ist die Überwachung der personellen Zusammensetzung der leitenden Personen bei Klein- und Mittelunternehmen besonders wichtig, denn gerade für diese Unternehmen ist der Bestand ihrer Leitung oft existenzentscheidend.

Der Sachverständigenausschuß müßte der Treuhandbank dann regelmäßig, insbesondere über wesentliche Änderungen, Bericht erstatten.

6. Aufgaben des Sachverständigenausschusses

Die nach § 18 Abs. 2 Satz 3 KAGG aus den Aktienkursen erfolgende Wertermittlung der Gegenstände des Sondervermögens sollte bei einem Beteiligungs-Sondervermögen in sinngemäßer Anwendung der in §§ 29, 24 Abs. 3 und 34 Abs. 1 KAGG vorgeschriebenen Weise erfolgen. Außer der Wertermittlung der Beteiligungen beim An- und Verkauf, sowie zur Aufstellung des Jahresabschlusses — eine laufende Bewertung zur Ermittlung des Ausgabe- bzw. Rücknahmepreises ist bei einer Einführung der Anteilscheine zum Börsenhandel nicht erforderlich — sollte dem Sachverständigenausschuß, wie bereits besprochen, die laufende Überwachung der Beteiligung obliegen.

Persé[110] will darüber hinaus dem Sachverständigenausschuß noch die Prüfung und Auswahl der Beteiligungen, sowie die Festlegung der Höhe der einzelnen Beteiligungen übertragen. Beides dürfte in der Praxis zu Schwierigkeiten führen, da hierdurch in die Geschäftsführung der KBG eingegriffen wird. Außerdem dürfte die Wirkung solcher Maßnahmen gering sein, da auch ein Expertenkomitee nicht die mögliche Unfähigkeit der Geschäftsleitung einer KBG ersetzen kann.

7. Die auf KBG unmittelbar anwendbaren Regelungen des KAGG

Die zum Schutz der Anleger erlassenen Bestimmungen der §§ 8 Abs. 2, 3 und 9 Abs. 1—4 KAGG können auf KBG sinngemäß Anwendung finden. Besonderheiten der Beteiligungsfonds werden hierdurch nicht berührt. § 8 Abs. 4 ist bei Beteiligungsfonds gegenstandslos.

---

[110] Vgl. *Persé*, a.a.O., S. 123 f.

Für die Anwendbarkeit der Vorschriften über die Kündigungsmöglichkeit der KAG gem. §§ 12, 13 KAGG, die Vertragsbedingungen gem. § 14 KAGG, die Behandlung des Veräußerungsgewinns gem. § 15 KAGG, die Anteilscheine gem. §§ 17—19 KAGG und die Rechenschaftslegung gem. § 20 KAGG gilt das bei Immobilienfonds Gesagte. Diese Vorschriften können auf KBG sinngemäß angewandt werden.

Fünftes Kapitel

Grenzen des Investmentgeschäfts

Die Ausführungen in den beiden vorhergehenden Kapiteln haben gezeigt, daß ein Investmentgesetz sich auf Wertpapierfonds, Immobilienfonds und Beteiligungsfonds erstrecken sollte. In der Zukunft können neue Fondsgruppen entwickelt werden, die jedoch vom KAGG nicht erfaßt werden, da dieses sich nur auf Wertpapierfonds und offene Immobilienfonds erstreckt.

Weiterhin sind sogenannte Millionärsfonds denkbar, die sich der Rechtsformen des KAGG bedienen, um Spekulationsgewinnsteuer zu sparen. Solche Fonds würden aber nicht mit den gesetzgeberischen Zielen dieses Gesetzes im Einklang stehen.

Aus diesen Gründen stellt sich die Frage nach den Grenzen des Investmentgeschäfts, und zwar in zweierlei Hinsicht:

1. Soll das KAGG auch für sog. Millionärsfonds gelten?
2. Nach welchen für alle Fondsgruppen gültigen Kriterien kann entschieden werden, auf wen sich die Investmentgesetzgebung erstrecken soll?

A. Geltungsbereich des KAGG für „Millionärsfonds"

I. Wertpapierfonds

1. Veranlagung zur Spekulationsgewinnsteuer

Nach § 2 Abs. 3 Ziff. 7 i. V. m. § 22 Ziff. 2 und § 23 Abs. 1 Ziff. 1b EStG unterliegen Veräußerungsgewinne aus Wertpapiergeschäften der Einkommensteuer, wenn der Zeitraum zwischen Anschaffung und Veräußerung der Wertpapiere weniger als sechs Monate beträgt.

Nach § 35 KAGG gilt das Wertpapier-Sondervermögen eines Fonds als Zweckvermögen im Sinne des § 1 Abs. 1 Ziff. 5 KStG und des § 1 Abs. 1 Ziff. 2e VStG und ist von der Körperschaftssteuer, der Gewerbesteuer und der Vermögensteuer befreit. Dies bedeutet jedoch keine Besserstellung des Käufers von Investmentanteilen gegenüber dem, der direkt Aktien kauft. Hierdurch wird lediglich eine Mehrbelastung des

Käufers von Investmentanteilen durch die Zwischenschaltung der KAG vermieden. Die Kapitalerträge des Sondervermögens fließen ohne steuerliche Vorbelastung ungekürzt in die Hand des Anteilinhabers. Erst dort beginnt ihre steuerliche Erfassung.

Gem. § 36 Abs. 1 KAGG hat der Anteilinhaber Ausschüttungen sowie die von einem Wertpapier-Sondervermögen vereinnahmten nicht zur Kostendeckung oder Ausschüttung verwendeten Zinsen und Dividenden als Einkünfte aus Kapitalvermögen, nicht jedoch Veräußerungsgewinne zu versteuern. Nach § 37 Abs. 1 Ziff. 1 KAGG bleiben auch die in den Ausschüttungen enthaltenen Veräußerungsgewinne steuerfrei, und zwar auch dann, wenn diese innerhalb der sechsmonatigen Spekulationsfrist erzielt worden sind. Bei direkter Anlage in Aktien wäre hier eine Spekulationsgewinnsteuer entstanden[1]. Diese Tatsache bewirkt eine Besserstellung des Anlegers in Investmentfonds gegenüber dem, der direkt Aktien kauft.

2. Begrenzung des Geltungsbereiches des KAGG für „Millionärsfonds"

Die Befreiung von der Spekulationsgewinnsteuer begünstigt die Bildung sog. Millionärsfonds, d. h. Fonds, bei denen sich einige große Anleger zusammenschließen, die sich der Form des Investmentfonds bedienen, um bei spekulativen Anlagen die Spekulationsgewinnsteuer zu sparen.

Derartige Millionärsfonds entsprechen jedoch nicht den gesetzgeberischen Intentionen. Das KAGG dient vornehmlich dem Schutz der Investmentsparer und weiterhin den sozialpolitischen und kapitalmarktpolitischen Zielen des Gesetzgebers[2]. Hiermit aber stehen die sog. Millionärsfonds nicht im Einklang, weshalb für sie das KAGG nicht gelten sollte.

3. Begrenzung des Geltungsbereiches des KAGG

Die Befreiung von der Spekulationsgewinnsteuer erfolgt insbesondere aus Vereinfachungsgründen, da die Prüfung der Einhaltung der sechsmonatigen Spekulationsfrist im Einzelfall aus verwaltungstechnischen Gründen kaum zu bewältigen wäre[3]. Sofern hieran festgehalten wird, sollte der Geltungsbereich des KAGG eingeengt werden.

---

[1] Vgl. *Siara/Tormann*, a.a.O., § 21 Anm. II.

[2] *Neuburger*, a.a.O., S. 9; ähnlich Schriftlicher Bericht des Ausschusses für Geld und Kredit über den von den Abgeordneten Neuburger, Häussler, Scharnberg und Fraktion der CDU/CSU eingebrachten Entwurf eines Gesetzes über Kapitalanlagegesellschaften, Bundestagsdrucksache 2973/2 vom 7. Dezember 1956, S. 1.

[3] So *Siara/Tormann*, a.a.O., § 21 Anm. II; vgl. auch Schriftlicher Bericht

A. Geltungsbereich des KAGG für „Millionärsfonds"

Dieses Ziel könnte durch die Einführung von Höchstanlagesummen pro Anteilinhaber oder durch die Begrenzung der maximalen Beteiligungsquote pro Anteilinhaber am Fondsvermögen erreicht werden. Es ist jedoch zu bedenken, daß derartige Begrenzungen durch „Strohmänner" umgangen werden können, und daß eine Begrenzung der Beteiligungsquote ohnehin nur bei Emissionen überprüfbar ist, da ein nachträgliches Aufkaufen der Anteile eines Fonds nicht kontrolliert werden kann.

Aus diesen Gründen ist zu empfehlen, dem KAGG nur die Fonds zu unterstellen, die für den Kauf ihrer Anteile in der Öffentlichkeit werben, wobei es gleichgültig ist, ob diese Werbung als Einzel- oder als Massenwerbung erfolgt. Auch der Schweizer Gesetzgeber hat das Kriterium der öffentlichen Werbung in Art. 2 des Bundesgesetzes über die Anlagefonds aufgenommen. Zur Unterstellung von Fonds unter das KAGG ist jedoch das Kriterium der Werbung in der Öffentlichkeit allein nicht ausreichend, vielmehr sollten die Fonds rechtlich und tatsächlich offen für jedermann sein. D. h. für sie sollte Kontrahierungszwang bestehen und eine Mindestanlagesumme gefordert werden. Sonst besteht die Gefahr, daß trotz der Werbung in der Öffentlichkeit entweder die Anteile eines Fonds nur an bestimmte Personen verkauft werden, oder aber die Mindestanlagesumme so hoch festgelegt wird, daß nur ein kleiner Kreis von Anlegern imstande ist, Anteile des Fonds zu erwerben.

Die Einführung des Kontrahierungszwanges ist zu rechtfertigen, da Fonds nach dem KAGG Steuervorteile genießen. Der Gesetzgeber kann auf diese Weise dafür sorgen, daß die Wahrnehmung dieser Steuervorteile im Einklang mit den gesetzgeberischen Zielen steht.

Andere private Anlegergemeinschaften ohne Kontrahierungszwang bleiben dadurch unberührt. Sie genießen lediglich nicht die Vorteile des KAGG, brauchen andererseits aber auch nicht dessen Vorschriften zu erfüllen.

Durch die Einführung des Kontrahierungszwangs kann m. E. verhindert werden, daß die Steuervorteile des KAGG mißbraucht werden. Soweit trotzdem Spekulationsgewinnsteuer bei einem Fonds gespart wird, der offen für jedermann ist, hat der Gesetzgeber dies bewußt in Kauf genommen[4].

---

des Ausschusses für Wirtschafts- und Mittelstandsfragen, zu Bundestagsdrucksache V/4414, a.a.O., S. 7.
[4] Ebenda.

II. Immobilienfonds

1. Veranlagung zur Spekulationsgewinnsteuer

Bei Grundstücken und grundstückgleichen Rechten beträgt die Spekulationsfrist gem. § 23 Abs. 1 Ziff. 1a EStG zwei Jahre.

Das Grundstück-Sondervermögen gilt wie das Wertpapier-Sondervermögen nach § 41 KAGG als Zweckvermögen und ist von der Körperschaftsteuer, der Gewerbesteuer und der Vermögensteuer befreit.

Während jedoch bei Wertpapierfonds Veräußerungsgewinne aus Vereinfachungsgründen grundsätzlich steuerfrei bleiben, sind die in den Ausschüttungen enthaltenen Veräußerungsgewinne aus Spekulationsgeschäften mit Grundstücken oder grundstückgleichen Rechten gem. § 43 Abs. 1 KAGG nicht freigestellt worden, weil angesichts der zweijährigen Spekulationsfrist der Vereinfachungsgesichtspunkt hier nicht ins Gewicht fällt[5].

2. Spekulationsgewinnsteuer bei thesaurierenden Immobilienfonds

Die Erfassung der Spekulationsgewinne bei Immobilienfonds enthält im Fall der thesaurierenden Immobilienfonds eine Lücke. Nach § 42 Abs. 1 KAGG hat der Anteilinhaber Ausschüttungen sowie die von einem Grundstück-Sondervermögen vereinnahmten nicht zur Kostendeckung oder Ausschüttung verwendeten Erträge aus der Vermietung und Verpachtung als Einkünfte aus Kapitalvermögen zu versteuern, nicht aber Veräußerungsgewinne.

Sofern also mit einem Grundstück-Sondervermögen Spekulationsgewinne im Sinne des § 23 Abs. 1 Ziff. 1a EStG erzielt werden und diese nicht zur Ausschüttung verwendet, sondern in neuen Grundstücken angelegt werden, bleiben diese steuerfrei[6]. Die Anteilinhaber erhalten diese Spekulationsgewinne dann nicht in Form von Ausschüttungen (hier würden sie gem. § 43 Abs. 1 KAGG erfaßt), sondern in Form von Kurssteigerungen ihrer Anteile.

Da die Anteilscheine als Wertpapiere gelten, müssen die Anteilinhaber allerdings die kürzere sechsmonatige Spekulationsfrist des § 23 Abs. 1 Ziff. 1b EStG beachten, da sie sonst realisierte Kurssteigerungen ihrer Anteile versteuern müssen.

---

[5] Vgl. Schriftlicher Bericht des Ausschusses für Wirtschaft und Mittelstandsfragen, zu Bundestagsdrucksache V/4414, a.a.O., S. 7.

[6] Im Schriftlichen Bericht des Ausschusses für Wirtschaft und Mittelstandsfragen, zu Bundestagsdrucksache V/4414, a.a.O., S. 7 wird die Ansicht vertreten, daß Spekulationsgewinne im Sinne des § 23 Abs. 1 Ziff. 1a EStG bei Grundtück-Sondervermögen grundsätzlich besteuert werden — diese Ansicht ist aus den genannten Gründen unzutreffend.

B. Kriterien für eine Erweiterung des Geltungsbereiches des KAGG   99

Somit besteht auch im Bereich der Immobilienfonds eine Besserstellung des Käufers von Fondsanteilen gegenüber dem, der direkt Grundstücke kauft, so daß auch hier Gründungen spekulativer Immobilienfonds möglich sind, die sich der Rechtsformen des KAGG bedienen, um Spekulationsgewinnsteuer zu sparen.

Veräußerungsgewinne aus Spekulationsgeschäften mit Grundstücken sollten nach dem Willen des Gesetzgebers durch das KAGG nicht freigestellt werden[7]. Es ist daher zu empfehlen, den § 42 Abs. 1 KAGG dahin zu ergänzen, daß die Anteilinhaber außer den dort genannten Erträgen aus der Vermietung und Verpachtung auch die von einem Grundstück-Sondervermögen vereinnahmten nicht zur Kostendeckung oder Ausschüttung verwendeten Erträge aus Spekulationsgeschäften im Sinne des § 23 Abs. 1 Ziff. 1a als Einkünfte aus Kapitalvermögen im Sinne des § 20 Abs. 1 Ziff. 1 EStG zu versteuern haben.

B. Entscheidungskriterien für eine Erweiterung des Geltungsbereiches des KAGG

I. Erweiterung des Geltungsbereiches des KAGG auf alle Fondsgruppen

1. Neue Fondsgruppen und die Erforderlichkeit ihrer gesetzlichen Regelung

So wie zunächst Wertpapierfonds, dann Immobilienfonds und jetzt in den Anfängen Beteiligungsfonds zu einer wirtschaftlichen Bedeutung gelangten, kann es für die Zukunft nicht ausgeschlossen bleiben, daß neuartige Fonds mit neuen Anlageobjekten zu einer wesentlichen Marktbedeutung gelangen. Gemischte Anlagefonds aus Immobilien und Wertpapieren[8], Fonds für Kunstwerte[9] und Fonds für Warentermingeschäfte[10] sind mögliche Beispiele.

Wenn der Gesetzgeber im Investmentbereich einen umfassenden Anlegerschutz erreichen sowie Mißbräuche und daraus folgende Enttäuschungen für Anleger verhindern will, dann ist es erforderlich, Investmentfonds als ein Anlage- und als ein Finanzierungsinstrument

---

[7] Vgl. Schriftlicher Bericht des Ausschusses für Wirtschaft und Mittelstandsfragen, zu Bundestagsdrucksache V/4414, a.a.O., S. 7.

[8] Gemischte Anlagefonds gibt es z. B. in der Schweiz; vgl. *Meister*, a.a.O., S. 187—193. Der Schweizerische Gesetzgeber hat gem. Art. 31 Abs. 3 auch die gemischten Wertpapierfonds dem Bundesgesetz über die Anlagefonds unterstellt.
Vgl. auch *Glaser*: Die Investmentgesellschaften mit Anlagefonds für Wertpapiere und Sachwerte, in: Der Betrieb, 1959, S. 1278—1282.

[9] Die Firmengruppe der Investors Overseas Services plant die Emission eines Fonds für Kunstwerte, vgl. Kunst Aktien von IOS, in: Capital, Nr. 2, 1969, S. 116.

[10] *Brüggemann*, a.a.O., S. 112 f.

zu verstehen, welches sich nicht nur auf die bisher im KAGG erfaßten Wertpapiere und Immobilien, sondern auch auf viele andere Bereiche anwenden läßt.

2. Typenzwang für alle Fondsgruppen

Sofern durch ein Investmentgesetz alle Fondsgruppen erfaßt werden sollen, ist ein umfassender Typenzwang im Investmentgeschäft erforderlich. Der bereits bestehende Typenzwang für Wertpapierfonds und Immobilienfonds müßte auf alle Fondsgruppen erweitert werden, und zwar unabhängig davon, ob diese Fonds in Aktien, Immobilien, Beteiligungen an Mittelstandsunternehmen, Kunstwerken oder anderen Werten investieren.

Die allgemeinen Vorschriften im ersten Abschnitt des KAGG (§§ 1—6) könnten hierzu für alle Fondsgruppen als verbindlich erklärt werden. Die Vorschriften des zweiten (§§ 7—21) und vierten (§§ 35—40) Abschnitts könnten sinngemäß auf andere als Wertpapierfonds Anwendung finden. Es könnte dann der wirtschaftlichen Entwicklung überlassen bleiben, für welche Fondsgruppen eine spezielle Regelung hinsichtlich einzelner Vorschriften des zweiten und vierten Abschnitts erforderlich wird, wie dies für offene Immobilienfonds geschehen ist.

Ein solcher umfassender Geltungsbereich des KAGG, bei dem neue bisher unbekannte Fonds durch die sinngemäße Anwendung des zweiten und vierten Abschnitts in Teilbereichen naturgemäß nur unvollkommen erfaßt werden, ist m. E. besser als der jetzige Zustand. Bei diesem werden zwar Wertpapierfonds und offene Immobilienfonds erfaßt, daneben bleibt aber viel Raum für unseriöse Fonds und Mißbräuche in den Bereichen des Investmentgeschäfts, die bisher nicht durch das KAGG erfaßt sind.

II. Definition der KAG im Falle eines erweiterten Geltungsbereiches des KAGG

Fraglich ist, durch welche für alle Fondsgruppen gültige Kriterien der Geltungsbereich eines umfassenden Investmentgesetzes abgegrenzt werden kann.

1. Vermögensverwaltung für Rechnung der Anleger

Wie bereits mehrfach dargestellt, ist die Hauptaufgabe der Investmentgesellschaften, die sich an einen breiten und in Fragen der Geldanlage oft unerfahrenen Anlegerkreis wenden, die fachmännische Ver-

B. Kriterien für eine Erweiterung des Geltungsbereichs des KAGG

mögensverwaltung der eingelegten Gelder durch die Investmentgesellschaft.

Auch ist es ein Kriterium des Investmentgeschäfts, daß das von den Anlegern aufgebrachte Vermögen für Rechnung dieser Anleger verwaltet wird. Die Erträge und der Wertzuwachs des gemeinschaftlich aufgebrachten Vermögens fließen den Anteilinhabern zu, nachdem von den Bruttoeinnahmen des Fonds zuvor die in den Vertragsbedingungen festgelegten Verwaltungs-, Vertriebs-, Depot-, Werbe- und Beratungskosten abgezogen worden sind[11].

Dieses Prinzip, daß den Anteilinhabern eines Investmentfonds das wirtschaftliche Eigentum an dem Fondsvermögen zusteht, ist bereits in § 1 Abs. 1 KAGG enthalten:

„Kapitalanlagegesellschaften sind Unternehmen, deren Geschäftsbereich darauf gerichtet ist, bei ihnen eingelegtes Geld im eigenen Namen für gemeinschaftliche Rechnung der Einleger ... gesondert von dem eigenen Vermögen anzulegen ..."

2. Grundsatz der Risikomischung

Als weiteres Kriterium enthält § 1 Abs. 1 KAGG den „Grundsatz der Risikomischung". Soweit die einzelnen Anlagewerte, in die ein Fonds investiert, besonderen Risiken unterliegen, ist ein Zwang zur Risikostreuung begrüßenswert. Dies gilt z. B. für Wertpapierfonds, da Aktien i. d. R. starken Wertschwankungen unterliegen, und für Beteiligungsfonds, da der Wert einer Beteiligung an Mittelstandsunternehmen je nach der wirtschaftlichen Entwicklung des einzelnen Unternehmens starken Veränderungen unterworfen sein kann.

Andererseits haben die Ausführungen über geschlossene Immobilienfonds gezeigt, daß einzelne Anlageobjekte denkbar sind, die wegen ihrer Größe eine interne Risikostreuung zulassen und somit als Anlageobjekt dem gestreuten Aktienbündel eines Wertpapierfonds und nicht einer einzelnen Aktie vergleichbar sind.

Es ist anzunehmen, daß der Schweizer Gesetzgeber ebenfalls an solche Möglichkeiten gedacht hat, als er, gem. Art. 5 des Bundesgesetzes über die Anlagefonds, diesem Gesetz auch solche Vermögen unterstellte, die nicht nach dem Grundsatz der Risikoverteilung angelegt werden[12].

In den USA ist trotz der strengen Vorschriften des Investment Company Act nicht einmal für Wertpapierfonds eine Risikomischung

---

[11] Vgl. *Walter*, a.a.O., S. 13.
[12] Vgl. *Schuster*, a.a.O., S. 82.

zwingend vorgeschrieben[13]. Nur bei den als „diversified companies" registrierten Investmentgesellschaften wird sie zwingend gefordert[14].

Aus diesen Gründen kann der Grundsatz der Risikomischung m. E. nicht als Entscheidungskriterium dafür dienen, ob das KAGG für einen bestimmten Fonds gelten soll oder nicht. Der Grundsatz der Risikomischung ist vielmehr nur *Folge* der Anordnungen des Gesetzgebers im KAGG und gehört deshalb nicht in § 1 Abs. 1 KAGG, der für ein umfassendes Investmentgesetz eine für alle Fondsgruppen gültige Abgrenzung des Investmentgeschäfts enthalten sollte.

3. Ausstellung von Urkunden

Nach der Definition des § 1 Abs. 1 KAGG müssen über die Rechte der Einleger Urkunden ausgestellt werden. Dies kann kein Kriterium für die Anwendbarkeit eines Investmentgesetzes sein, sondern stellt ebenfalls nur eine Folge der im KAGG getroffenen Regelung dar. Darüber hinaus ist denkbar, daß die Rechte der einzelnen Anleger nur kontenmäßig festgehalten werden, ohne daß überhaupt Anteilscheine ausgegeben werden[15].

4. Schlußbemerkung

Unter Beachtung der vorausgegangenen Überlegungen kann die KAG in Abwandlung des § 1 Abs. 1 KAGG, für ein alle Fondsgruppen mit Ausnahme der „Millionärsfonds" erfassendes Investmentgesetz, wie folgt definiert werden:

Kapitalanlagegesellschaften sind Unternehmen, die in der Öffentlichkeit Werbung, sei es Einzel- und/oder Massenwerbung betreiben, und deren Geschäftsbetrieb darauf gerichtet ist, bei ihnen eingelegtes Geld im eigenen Namen für gemeinschaftliche Rechnung der Einleger gesondert von dem eigenen Vermögen anzulegen.

---

[13] Vgl. *Reuter*, a.a.O., S. 82; *Baum*, a.a.O., S. 137 ff.; *Bullock*, a.a.O., S. 80.
[14] US Code Titel 15 § 80a-5 (b) (1).
[15] *Siara/Tormann*, a.a.O., § 1 Anm. I.

Literaturverzeichnis

Adelberger, O. L.: Zur wirtschaftlichen Beurteilung ausländischer Investmentfonds, in: ZfgK, 1968, S. 227—230

Amonn, K.: Über die Eigentumsverhältnisse bei den schweizerischen Investmenttrusts, Bern 1965

Aßfalg, D.: Die Behandlung von Treugut im Konkurs der Treuhänder, Berlin und Tübingen 1960

Bading, A.: Kreditwesengesetz. Handbuch mit Erläuterungen und Nebenbestimmungen für die Praxis der Kreditgenossenschaften, Neuwied a. Rh. 1963

Barocka, E.: Investment-Sparen und Investment-Gesellschaften, Stuttgart 1956

Barzel, U.: Wertpapiersparen mit Hilfe der Kapitalanlageunternehmen, Dissertation, Köln 1956

Baum, G.: Schutz und Sicherung des Investmentsparers bei Kapitalanlage-Gesellschaften und Investment-Trusts, Dissertation, Mainz 1959

vom Berge und Herrendorf, N.-S.: Der Schutz des Investmentsparers. Darst. unter Berücksichtigung des Gesetzes über Kapitalanlagegesellschaften vom 16. 4. 1957, Dissertation, Köln 1962

Beyer-Fehling, H.: Das Gesetz über Kapitalanlagegesellschaften, in: ZfgK, 1957, S. 328—329

Bezzenberger, G.: Mehr Aufsicht für Auslandsfonds, in: Das Wertpapier, 1968, Nr. 1, S. 6—9

— Investment-Gesetz verbesserungsfähig, in: Das Wertpapier, 1968, Nr. 2, S. 44—47

Boveri, U.: Über die rechtliche Natur der Investmenttrusts und die Rechtsstellung der Zertifikatsinhaber, Dissertation, Zürich 1945

Bremer, H.: Grundzüge des deutschen und ausländischen Börsenrechts, Berlin—Heidelberg—New York 1969

Brüggemann, E.: Internationales Investmentsparen, München 1968

Bruns, G.: Die börsenmäßige Handelsbarkeit von Investmentzertifikaten, in: ZfgK, 1963, S. 144—145

Bruppacher, G.: Investment Trusts, Zürich 1933 (Zürcher Volkswirtschaftliche Forschungen, Band 20)

Buist, R.: Some Thoughts of investment management, in: The accountant's Magazine, Vol. 71, 1967, Nr. 727, S. 27—32

Bullock, H.: The Story of Investment Companies, New York 1959 *v. Caemmerer*, E.: Kapitalanlage- oder Investmentgesellschaften, in: JZ, 1958, S. 41—50

Choate, A.: Security Purchases of Small Business Investment Companies, Discussion, in: The Journal of Finance, 16. Juni 1961, S. 304—312

Cohen, M. F.: Adress before the Federal Bar Association briefing conference on variable annuities, Shoreham Hotel, Washington, D.C., November 19, 1968, entnommen aus einem Sonderdruck der SEC mit o. a. Titel

Consbruch-Möller: KWG-Kommentar, Kreditwesengesetz mit Zinsverordnung und den wichtigsten anderen Ausführungsvorschriften, München und Berlin 1965

v. Dietel, R.: Die Ausübung der Mitgliedschaftsrechte durch Kapitalanlagegesellschaften aus den Beteiligungen, die zu einem Sondervermögen (Funds) gehören, Dissertation, Mainz 1963

Dobroschke, E.: Erschließung des Kapitalmarktes für die Mittelwirtschaft, Sachverständigenbericht der ASU-Kommission, in: Die Aussprache, Sonderheft; Kapitalbeteiligungsgesellschaften, Oktober 1965

Dürre-Full: Erläuterungen zum KAGG, in: Das Deutsche Bundesrecht, III H. 28, S. 13—26

Dürrhammer: Die Investmentgesellschaft, in: Der Betrieb 53, S. 537 ff.

Ebner von Eschenbach, Frhr., H.-C.: Die Rechte des Anteilhaber nach dem Gesetz über Kapitalanlagegesellschaften, Dissertation, Erlangen 1959

Fischer, R.: Die sozialen Ziele der Investmentidee, in: Österreichisches Bank-Archiv, 1959, Nr. 11, S. 369—375

Frank, V. C.: Zur Problematik der Investmenttrusts, Zürich 1961

Früstück, E.: Investment-Trust in Japan, in: ZfgK, Nr. 14, 1968, S. 18

Gericke, K.: Rechtsfragen zum Investmentgesetz, in: Der Betrieb, 1959, S. 1276—1278

Gesell, G.: Protecting your Dollars, Washington D.C. 1940

Geßler, E.: Das Recht der Investmentgesellschaften und ihrer Zertifikatsinhaber, in: Wertpapier-Mitteilungen, Sonderbeilage Nr. 4 vom 18. 5. 1957, S. 11

Glaser, H.: Investment-Gesellschaften mit Anlagefonds für Wertpapiere und Sachwerte, in: Der Betrieb, 1959, S. 1278—1282

Hankel, W.: Das neue Auslands-Investmentgesetz, in: ZfgK, 1968, S. 709—710

Haupt, H.: Zur Diskussion um das Problem der KBG und ihre Verwirklichung im Auslande, in: Blätter für Genossenschaftswesen, 1965, S. 316—322

Heubaum, W.: Die Kapitalanlagevorschriften und ihre Auswirkungen auf den Kapitalmarkt, Dissertation, Köln 1959

Ittensohn, J.: Die Investment-Trusts, hüben und drüben, in: ZfgK, 1960, S. 925—928

Knoblich, G.: Die Rechtsverhältnisse bei den Investment-Gesellschaften, insbesondere die rechtliche Stellung der Inhaber von Anteilscheinen, Dissertation, Erlangen 1953

Kötz, H.: Trust und Treuhand, Dissertation, Hamburg 1963

Krahnen, H. J.: Die Kapitalbeteiligungsgesellschaft in volkswirtschaftlicher Sicht, in: Die Aussprache, Bonn, Sonderausgabe Oktober 1965

— Verbreiterung der Eigenkapitalbasis, in: Die Aussprache, 1963, Nr. 7, S. 190

— Die Anlage in Investment, in: Handbuch der Vermögensanlage, 1964, S. 135—157

Krasensky, H.: Schweizerische Liegenschafts-Investmenttrusts, in: Österreichisches Bank-Archiv, 1957, Nr. 11, S. 386

Kruhme, N.: Die Immobilienfondsgesellschaften, ihre rechtliche Einordnung und das Erfordernis einer gesetzlichen Sonderregelung, Dissertation, Hamburg 1966

Leopold, G.: Die Kapitalbeteiligungsgesellschaften — Aufgaben und Probleme, in: Bank-Betrieb, 1966, S. 189—193

Luggen, P.: Die schweizerischen Immobilien-Investment-Trusts, Dissertation, Bern 1955

Lusser, F.: Die Haftungsverhältnisse bei Anlagefonds, Zürich 1964

Martini, E.: Rechtliche Probleme eines Immobilienzertifikates, Stuttgart 1967

Meister, G.: Handbuch der schweizerischen Investment-Trusts, Zürich 1967

Mellerowicz, K.: Eine neuartige Form des Immobilien-Investment, in: Zeitschrift für Betriebswirtschaft, 1963, Nr. 3

Meyer-Cording: Investment-Gesellschaften, in: ZfgK, 1952, Bd. 115, 2. Heft

Molitor, B.: Investmentgesellschaften — Instrument der Eigentumsbildung, in: Gewerkschaftliche Monatshefte, 1956, Nr. 7

Morenz, A.: Kapitalbeteiligungsgesellschaften in den USA, in: Blätter für Genossenschaftswesen, 1967, Nr. 6, S. 86—89

Mueller, B.: Immobilienfonds und Immobilienleasing als Finanzierungsinstrumente, in: Betriebswirtschaftliche Umschau, 1967, Nr. 4/5, S. 158—168

Mueller, H. G.: Neuzeitliche Kapitalbildung bei amerikanischen Investmentgesellschaften, in: Betriebswirtschaftliche Umschau, 1967, Nr. 2, S. 61—65

Nord, W.: Rechtsprechung des Reichsgerichts, Handelsrecht, Anm. zu Nr. 9, in: JW, 1929, S. 645

Opitz, H.: Anderkontenrecht, in: Bank-Archiv, 1933/34, S. 81 ff.

von Pannwitz, H.-K.: Verfügungsmacht und Verfügungsbeschränkung der Kapitalanlagegesellschaft nach § 8 Abs. I und II KAGG, Dissertation, München 1961

Persé, H. J.: Die Partner-Investmentgesellschaft, Wiesbaden 1962 (Beiträge zur Betriebswirtschaftslehre, hrsg. von H. Rittershausen, Band 3)

Podewils, M.: Investmentgesellschaften in der Bundesrepublik, Dissertation, Köln 1960

Pröhl, H.: Kreditwesengesetz, Kommentar, Peine 1962, Stand vom November 1966

Raab, G.: Immobilieninvestmentfonds im Dienste der Staatserneuerung, in: Österreichisches Bank-Archiv, 1967, Heft 7, S. 299—316

Raida, H.: Kapitalbeteiligungsgesellschaften — ein internationaler Überblick, in: ZfgK, 1956, Nr. 16

Reischauer, F.: Kreditwesengesetz, Losebl.-Kommentar für d. Praxis nebst sonstigen bank- u. sparkassenrechtlichen Aufsichtsgesetzen sowie eig. Vorschriften, Berlin 1965

Renk, E.: Zur Frage der Schaffung eines schweizerischen Investment-Trust-Gesetzes, in: Bank-Archiv, 1959, Heft 3, S. 96 ff.

— Das neue schweizerische Anlagefondsgesetz, in: Österreichisches Bank-Archiv, 1967, Heft 7, S. 278—299

Reuter, G.: Investmentfonds und die Rechtsstellung der Anteilinhaber, Dissertation, Frankfurt 1964

Röh, J.: Die Stellung der Bankaufsicht in der Wirtschaftsordnung des Grundgesetzes, Dissertation, Hamburg 1965

Schaeker, H. E.: Die obligatorischen und dinglichen Rechtsverhältnisse der deutschen Investmentgesellschaften auf der Grundlage des Kapitalanlagegesetzes vom 16. April 1957, Dissertation, Mainz 1961

— Entwicklung und System des Investmentsparens, Frankfurt/M. 1961

Schimrock, H.: Arbeitsweise, Zielsetzung und Möglichkeiten der deutschen Investmentgesellschaften, Dissertation, Berlin 1960

Schlegelmilch, K.: Das ASU-Modell einer Kapitalbeteiligungsgesellschaft, in: Blätter für Genossenschaftswesen, 1966, S. 8 ff.

Schmalenbach, E.: Die Beteiligungsfinanzierung, 7. Aufl., Köln u. Opladen 1949

Schork, L.: Gesetz über das Kreditwesen, Kommentar, Köln, Berlin, Bonn, München 1965

Schrempf, C.: Sparen und Verdienen durch Investment, München 1957

Schuler: Die Kapitalanlagegesellschaften, ihre Sondervermögen und Anteilscheine, in: NJW, 1957, S. 1049—1053

Schuster, J. B.: Anlagenfondsgesetz, Zürich 1967

Schuster/Goesbruch: Neues Investmentsparen, Stuttgart 1968

Seischab, H.: Investment Trusts. Versuch einer Theorie und Systematik d. Kapitalwertsicherungsbetriebe, Dissertation, Berlin 1931

Senn, W.: Die westdeutschen Investmentgesellschaften als Mittel zur Förderung der Kapitalmarktpolitik, Dissertation, Stuttgart 1959

Siara, G.: Die steuerliche Behandlung der Investment-Fonds, der Anteilscheine und der Anteilinhaber nach dem KAGG, in: Das Wertpapier, 1957, S. 103 ff.

Siara/Tormann: Kommentar zum Gesetz über Kapitalanlage-Gesellschaften mit einer Einleitung von Neuburger, Frankfurt/M. 1957

Siebert, W.: Das rechtsgeschäftliche Treuhandverhältnis, Marburg 1933

Spoerri, R.: Der Investment Trust nach schweizerischem Recht, Basel 1955 (Baseler Studien zur Rechtswissenschaft, Heft 51)

Striso, W.: Mittelständische Investmentgesellschaft und Beteiligungsform, in: Zeitschrift für Betriebswirtschaft, 1966, Nr. 5, S. 305 ff.

Szagunn, V.: Gesetz über das Kreditwesen vom 10. Juli 1961, 2. Aufl., Stuttgart, Berlin, Köln, Mainz 1967

Teuber, H. J.: Neue Wege zur wertbeständigen Vermögensbildung. Die Pläne amerikanischer Investmentfonds, in: Die Wirtschaftsprüfung, 1967, Nr. 16, S. 422—424

Tormann, W.: Das neue Gesetz über Kapitalanlagegesellschaften, in: Das Wertpapier, 1957, S. 142—147

— Die Investmentgesellschaften, Frankfurt/M. 1964 (Taschenbücher für Geld, Bank und Börse, hrsg. von P. Möhring und H. Rittershausen, Band 18)

Walter, H.: Machtzusammenballung und Vermögensbildung durch Investmentgesellschaften dargestellt an der Entwicklung in Deutschland, der Schweiz, den Niederlanden und den USA, Neuwied a. Rh. und Berlin 1963

— Die Bedeutung des Wertpapiersparens und die Möglichkeiten seiner Förderung durch Investmentgesellschaften, Dissertation, Bonn 1957

von Wangenheim, H. U.: Investitionsfinanzierung in der mittelständischen Wirtschaft, in: Der Volkswirt, 1956, Beilage 47, S. 61

Weigel, H.: Die Rechte der Inhaber von Anteilen an Immobilienanlagegesellschaften, Dissertation, Erlangen 1966

Weller, T.: Kredite und Finanzierungshilfen für den Mittelstand in Frankreich, Belgien, Luxemburg und den Niederlanden, in: Bank-Betrieb, 1965, S. 327

Wendt, P.: Treuhandverhältnisse nach dem Gesetz über Kapitalanlagegesellschaften, Dissertation, Münster 1968

Weyhenmeyer: Steuerfragen bei der Kapitalbeteiligungsgesellschaft, in: Die Aussprache, Sonderheft: Kapitalbeteiligungsgesellschaften, Oktober 1965

Wiener, M.: Investmentnovelle auch in Österreich, in: ZfgK, Heft 17, 1968

Wiesenberger: Investment Companies 1969, Mutual Funds and other Types, 29th annual Edition, New York 1968

Will, C.: Dach-Fonds in Deutschland, in: Das Wertpapier, 1968, Nr. 3, S. 91—95

Will, H.: Der Gesetzentwurf über Kapitalanlage-Gesellschaften, in: Das Wertpapier, 1956, S. 372 ff.

Zeidler, J. K.: Eine AG für Mittelbetriebe? — Das Beispiel der britischen Thomas Tilling Gruppe, in: Mitteilungen der Handelskammer Hamburg, April 1965, Heft 4, S. 215

Zimmerer-Schönle: Kreditwesengesetz. Systemat. Einführung und Kommentar, Wiesbaden 1962

Zinnow, U.: Die europäischen Anlagefonds, in: Europäische Wirtschaft, 1961, Nr. 2

Sonderdrucke

Investors Overseas Service: Stellungnahme der I.O.S. Ltd. (S.A.) zum Entwurf eines Gesetzes über den Vertrieb ausländischer Investmentanteile, 15. 8. 1968

Small Business Administration: Starting a Small Business Investment Company, Washington D.C. 1966

Small Business Finance Corporation: Outline of the Government affiliated Institutions for Small Business Financing, in Japan, Tokyo 1964

Verband der Investmentvertriebsfirmen: Stellungnahme zum Entwurf des AuslInvestmG, Frankfurt/M. 1968

Darüber hinaus werden dem Leser die Geschäftsberichte der Investmentgesellschaften empfohlen.

Printed by Libri Plureos GmbH
in Hamburg, Germany